로드 빌딩 길잡이 ———

로드 빌딩 길잡이

초판 1쇄 인쇄 2012년 05월 14일
초판 1쇄 발행 2012년 05월 21일

지은이 l 윤 종 호
펴낸이 l 손 형 국
펴낸곳 l (주)에세이퍼블리싱
출판등록 l 2004. 12. 1(제2011-77호)
주소 l 서울시 금천구 가산동 371-28 우림라이온스밸리 C동 101호
홈페이지 l www.book.co.kr
전화번호 l (02)2026-5777
팩스 l (02)2026-5747

ISBN 978-89-6023-796-4 13580

이 책의 판권은 지은이와 (주)에세이퍼블리싱에 있습니다.
내용의 일부와 전부를 무단 전재하거나 복제를 금합니다.

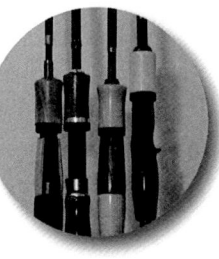
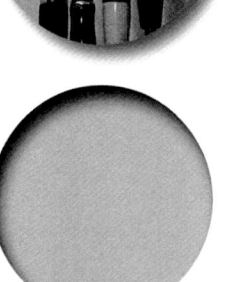

로드 빌딩 길잡이

윤종호 지음

머 리 말

오랫동안 낚시를 해온 낚시인이 자신의 취향과 격에 맞는 자신만의 낚싯대를 갖고자 하는 것은 지극히 자연스러운 현상이다. 시중에 유통되고 있는 낚싯대로 그러한 요구가 충족되지 않을 때, 낚시인은 자신이 원하는 낚싯대를 직접 만들 궁리를 하게 된다. 즉 로드 빌딩을 하고자 생각하는 것이다. 최근 들어 우리나라에서도 로드 빌딩에 대한 관심이 고조되고 있어서 많은 사람들이 로드 빌딩에 대한 자료를 갈망하고 있다. 그러나 아직 국내에는 이렇다 할 자료가 사실상 없는 실정이다.

이 책에는 개인이 로드 빌딩을 하고자 할 때 필요한 모든 것이 소개되어 있다. 기존에 습관적으로 행해 오던 잘못된 기술적 관행들을 제거하고, 헤매지 않고 올바른 방법으로 로드 빌딩을 할 수 있는, 국내외에 알려진 가장 진보된 방법들이다. 데일 클레멘스(Dale Clemens)의 Advanced Custom Rodbuilding, 톰 커크만(Tom Kirkman)의 Rod-Building Guide, 보이드 파이퍼(Boyd Pfeiffer)의 The Complete Book of Tackle Making, 빌리 바이보나(Bily Vivona)의 Decorative Wraps, 제임스 업튼(James Upton)의 The Thread Weaving 등의 대표적 로드 빌딩 책들뿐만 아니라, Rodbuilding Magazine, The Rodbuilder's Library, Rodbuilding. org 등에 수록, 발표된 최신 로드 빌딩 기법들을 참조하여 소개했다.

소박하면서도 멋진 나만의 낚싯대, 화려하고 아름다워서 자랑하고 싶은 낚싯대, 대를 이어 물려줄 수 있는 명품 낚싯대에 이르기까지, 필요한 거의 모든 올바른 로드 빌딩 지식을 이 책에서 얻을 수 있을 것이다. 이 책을 읽으면서 궁금하거나 보다 자세한 설명이 필요하면 http://cafe.daum.net/RodArena에 질문하기 바란다. 빠른 시간 내에 그 답을 얻을 수 있을 것이다.

이 책을 위해 많은 기술적 조언을 해주신, 부산의 '루어를 사랑하는 꾼들'의 고문으로 계시는 박명수 님과 사진 촬영 및 문장 구성에 헌신적으로 도움을 주신 신성애 님께 깊이 감사드립니다.

나의 취미를 이해하고 아낌없이 격려, 성원해 주는 나의 사랑하는 아내와 가족들에게 이 책을 바칩니다.

2012년 4월

차 례

1. 로드 빌딩의 기초 ·· 8
2. 로드 빌딩 도구 ·· 31
3. 브랭크 기준 축의 결정 ··· 37
4. 낚싯대 밸런스 ··· 41
5. 로드 빌딩의 실제 ·· 44
   - 5-1. 직선 축의 결정 ·· 45
   - 5-2. 손잡이 제작 및 가공 ··· 47
   - 5-3. 손잡이 부착 ·· 51
   - 5-4. 가이드 배열 ·· 57
   - 5-5. 스피닝 대 가이드 배열 ······································ 59
   - 5-6. 등각 가이드 배열 ··· 64
   - 5-7. 캐스팅 대 가이드 배열 ······································ 68
   - 5-8. 가이드 래핑 및 부착 ··· 75
   - 5-9. 에폭시 마감 ·· 81
6. 나무 손잡이 ··· 88
   - 6-1. 디자인 ·· 89
   - 6-2. 나무 손잡이 가공 ··· 89
7. 장식 래핑 ··· 95
   - 7-1. 트림 랩 ·· 95
   - 7-2. 인레이 랩 ··· 96
   - 7-3. 싱글 턴 트림 및 인레이 랩 ································· 97
   - 7-4. 나선 인레이 랩 ·· 99
   - 7-5. 언더 랩 ··· 101
   - 7-6. 포핸(Forhan)의 잠금 랩 ···································· 103
8. 버트 장식 ·· 105
   - 8-1. 다이아몬드 랩 ··· 105

- 8-2. 타이거 랩 ········· 112
- 8-3. 깃털 인레이 ········· 115
- 8-4. 글쓰기 ········· 118
- 8-5. 테이프를 이용한 문자 웨이빙 ········· 120

9. 낚싯대 수리 ········· 126
- 9-1. 가이드 분리 ········· 126
- 9-2. 초릿대 수리 ········· 129
- 9-3. 손잡이 분리 ········· 134
- 9-4. 브랭크 도장 ········· 137

10. 크로스 랩 디자인 ········· 140
- 10-1. 라인 테이프를 이용한 크로스 랩 디자인 ········· 141
- 10-2. 크로스 랩 디자인의 기초 ········· 142
- 10-3. 크로스 랩 디자인 ········· 145
- 10-4. 크로스 랩의 실행 ········· 147

11. 실의 예술 웨이빙 ········· 151
- 11-1. 웨이빙의 이해 ········· 152
- 11-2. 왼쪽 목록 읽기 ········· 156
- 11-3. 웨이빙 준비 ········· 157
- 11-4. 웨이빙의 실제 ········· 160

12. 낚싯대 유형별 빌딩 ········· 184
- 12-1. UL(Ultra-Light) 대 ········· 185
- 12-2. 리볼버 로드 ········· 190
- 12-3. 가물치 대 ········· 192
- 12-4. 바다 루어 대 ········· 197

13. 올바른 낚싯대 사용법 ········· 207

아름다운 루어 낚싯대 만들기

1. 로드 빌딩의 기초

　낚시를 즐겨 하는 사람들에게 로드 빌딩은 자신의 취향에 맞는 낚싯대를 가질 수 있는 궁극적 수단이 될 수 있으며, 큰 어려움 없이 만드는 즐거움과 단계별 완성의 성취감을 느낄 수 있는 좋은 취미가 될 수 있다.

　어떤 사람들은 로드 빌딩 기술을 이용하여 시판하는 낚싯대 보다 저렴하게 양질의 낚싯대를 만들 수도 있고, 또 어떤 사람들은 시판하는 낚싯대의 구입비용보다 훨씬 많은 경비를 들여 성능과 외관 면에서 최상급인 낚싯대를 만드는 경우도 있다. 그 이유가 어떻든 간에, 로드 빌딩은 재미있고 생산적이며 큰 성취감을 얻을 수 있는 좋은 취미이다. 일반 재료점이나 공구상에서 구입할 수 있는 간단한 도구만으로도 쉽게 낚싯대를 만들 수 있을 뿐 아니라, 올바른 로드 빌딩 교본과 약간의 인내심, 그리고 자신의 재능을 더하면 기대 이상의 결과를 얻을 수도 있다.

　보다 현실적인 면에서 볼 때, 낚싯대를 직접 만들어 사용하는 것은 크게 두 가지 면에서 장점이 있다. 첫째는 낚싯대의 기능적인 면이다. 즉 자신이 만든 낚싯대로 몇 번 낚시를 해보고, 낚싯대를 자신의 기호에 맞게 기능적으로 튜닝 할 수 있다는 것이다. 둘째는 낚싯대를 자신의 취향에 따라 미적 감각을 살려 보다 멋지게 꾸밀 수 있다는 것이다. 로드 빌딩을 할 때의 가장 큰 즐거움은 자신이 실제로 사용할 낚싯대를 자신의 의도대로 만들며 자신의 지적 창조 본능을 충족시키고, 단계별로 완성되어 가는 자신의 작품을 보면서 느끼는 희열과 성취감에 있다.

● **낚싯대의 구조** : 아래에 표준 낚싯대의 구성과 본문에서 사용하는 낚싯대 구성 부품의 용어를 그림과 같이 나타냈다. 이 용어들을 잘 익혀 본문을 이해하는 데 불편함이 없도록 하자.

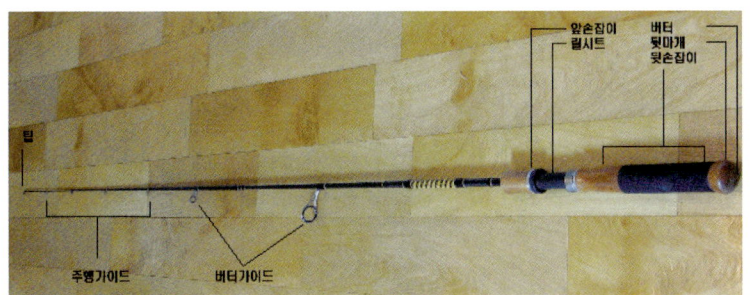

[낚싯대의 구조]

[각종 브랭크]

● **브랭크** : 브랭크는 기본적으로 탄소 섬유를 수지로 접착하여 만든 시트를 굴대에 감아 초릿대 부분은 가늘게, 말단(butt, 버터) 부분은 굵게 감아 성형, 제조한다. 탄소 섬유의 성질은 매우 딱딱하며, 탄성도(modulus, 뻣뻣함)와 인장 강도(引張强度, power : 물체가 잡아당기는 힘에 견딜 수 있는 최대한의 응력)는 매우 크나 굽힘 강도는 약하여, 당기는 힘에는 강하지만 굽히면 잘 부러진다. 이러한 성질 때문에 탄소 섬유는 날줄과 씨줄로 구성된 천으로는 만들지 못한다. 따라서 낚싯대에서 탄소 섬유는 낚싯대의 길이를 따라서만 배열되어 있다. 브랭크의 성질은 기본적으로 이러한 탄소 섬유의 특성과 시트를 감는 방법에 따라 결정된다. 브랭크의 강도(power), 탄성도(modulus), 그리고 휨세(action)의 3가지 요소로 나타낸다.

● **강도(power)** : 브랭크의 강도는 사용한 탄소 섬유의 양에 전적으로 비례한다. 따라서 같은 강도의 탄소 섬유를 사용했다면, 탄소 섬유 시트가 보다 두껍게 감긴 브랭크의 강도가 더 크다. 탄소 섬유 낚싯대의 강도는 일반적으로 Heavy(H), Medium(M), Light(L), UltraLight(UL) 등으로 나타낸다. 강계에서 가물치 등의 대형 물고기에는 H급의 브랭크를, 배스 낚시에는 M급, 쏘가리 낚시에는 L급, 그리고 꺽지 등에는 UL급을 사용한다. 이렇게 낚시 대상 어종의 무게와 힘에 맞추어 적당한 강도의 브랭크를 사용한다.

● **탄성도(modulus)** : 브랭크의 탄성도는 브랭크를 굽혔을 때 그 뻣뻣함의 정도를 뜻한다(굽힘 힘/단위 면적, kg/cm2). 크기는 전적으로 사

용한 탄소 섬유의 고유 탄성도에 의존하며, 브랭크 강도와는 아무런 관계가 없다. 일반적인 탄소 섬유는 약 3,000,000kg/cm2, 현대 낚싯대에 표준으로 사용하는 IM6 탄소 섬유는 약 4,000,000kg/cm2, 고탄성의 GLX급은 무려 6,000,000kg/cm2 이상의 탄성도를 가지고 있다. 그러나 IM6, GLX 등의 탄소 섬유 분류는 표준 공업 규격에 따른 분류 기호가 아니라, 브랭크 생산 업체의 자체 규격 분류 기호이다. 그러므로 예를 들어 한 회사의 IM6는 다른 회사의 IM6와 탄성도가 다를 수 있다. 같은 H급 강도의 브랭크라 할지라도 사용한 탄소 섬유의 종류에 따라, 굽혔을 때 뻣뻣한 것(고탄성)이 있고 무른 것(저탄성)이 있다. 고탄성의 탄소 섬유를 사용하면 탄소 섬유의 양을 적게 사용해도 같은 정도의 탄성도를 유지할 수 있으므로 브랭크의 무게를 가볍게 제작할 수 있다. 고급 브랭크일수록 고탄성 탄소 섬유를 사용하여 브랭크 무게를 줄인다. 그러나 탄소 섬유의 양이 줄면 충격에 의해 잘 부서질 수 있으므로 초보자의 경우 비싼 고탄성 브랭크보다는 중간 정도의 탄성을 가진 브랭크를 선택하는 것이 좋다.

● **휨세(Action)** : 브랭크의 휨세는 강도 및 탄성도와 무관하며, 브랭크를 제작할 때 사용하는 탄소 시트의 모양에 따라 결정된다. 초릿대부터 말단까지 일정 비율로 탄소 섬유 시트의 길이가 늘어나는 직각 삼각형

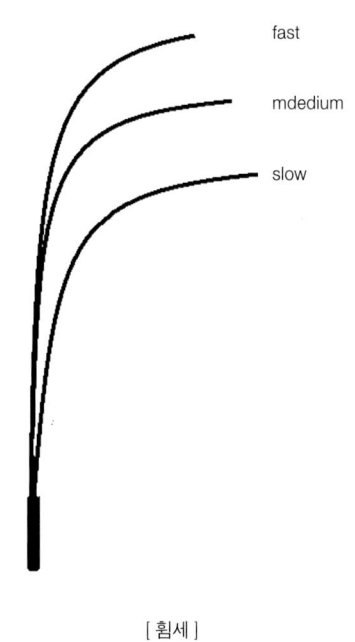

[휨세]

형태의 시트를 말아서 만든 브랭크는 부하를 받으면 전체적으로 같은 비율로 휘어진다. 한편 시트의 형태를 초릿대 부분은 좁게 하고 버터 부분을 보다 넓게 하여 만든 브랭크는 부하를 받으면 초릿대 부분이 버터 부분보다 더 잘 휜다. 보통 초릿대 끝에서부터 브랭크 전체 길이의 25-30%까지 더 잘 휘게 만들어진 브랭크는 fast(F) 휨세, 약 50%가 잘 휘게 만들어지면 moderate(M) 휨세, 전체적으로 같이 휘도록 만들어졌으면 slow(S) 휨세의 브랭크가 된다.

낚싯대의 휨세를 알아보는 방법은, 낚싯대의 손잡이를 느슨하게 잡고 배꼽 부분에 손잡이 끝을 대고 좌우 수평으로 가볍게 좌우로 흔들어 보는 것이다. 그러면 휘는 부분이 표시 난다. 보다 정확히 알고 싶으면, 브랭크를 얇고 매끄러운 천으로 감싸 쥐고 초릿대부터 말단 쪽으로 가볍게 훑어 내린다. 그러면 브랭크의 두께가 갑자기 두꺼워지는 부분을 찾을 수 있는데, 초릿대 끝에서 이 부분까지의 길이를 측정해 보면 낚싯대의 휨세를 정확히 결정할 수 있다.

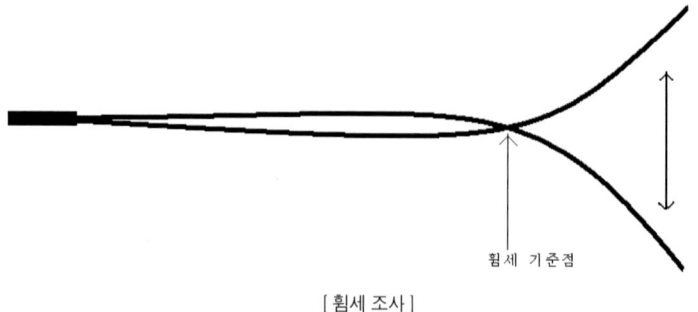

[휨세 조사]

브랭크의 성질을 나타내는 요소는 아니지만, 완성된 낚싯대의 전체적인 효율성을 나타내는 낚싯대 감도(sensitivity)라는 용어가 있다. 잘 만들어진 낚싯대일수록 감도가 높다. 많은 낚시인들이 좋은 낚싯대의 가장 중요한 요소를 감도라고 생각한다. 낚싯대 전체의 감도는 다음의 몇 가지 인자에 의해 결정된다. 첫째, 브랭크 자체의 감도, 둘째, 가이드 배열의 적절성, 셋째, 낚싯대 밸런스 등이다. 위의 인자들 중 둘째와 셋째의 가이드 배열과 밸런스에 의한 낚싯대 감도 문제는 나중에 논하기로 하고, 여기서는 우선 첫째의 브랭크 감도에 대해서만 알아보기로 하자.

● **브랭크 감도(sensitivity)** : 브랭크 감도의 문제는 간단한 공식에 따라 정확히 결정된다. 탄소 섬유의 '탄성도/브랭크 무게'의 비가 클수록 감도는 증가한다. 울트라 라이트(UL)나 라이트(L) 강도의 브랭크는 탄소 섬유의 양이 적기 때문에 가볍다. 같은 종류의 탄소 섬유를 사용했다면 탄소 섬유의 탄성도가 같으므로, 공식에 따라 무게가 가장 가벼운 UL 낚싯대의 감도가 가장 좋다. 그리고 M, H로 갈수록 무게가 무거워지므로 감도는 떨어진다. 만약 여러분이 탄소 섬유 한 가닥을 팽팽히 세워서 낚싯대로 사용할 수만 있다면, 감도로서는 세계 최고의 브랭크가 될 것이다.

고탄성의 카본 섬유를 사용하면, 탄성도는 증가하고 탄소 섬유 및 수지를 적게 사용하여 무게가 감소하므로 소위 말하는 고감도의 낚싯대가 된다. 로드 빌딩을 할 때 브랭크에 필요 이상의 무게가 추가되어 낚싯대 전체의 무게가 무거워지면 그만큼 브랭크의 감도가 떨어진다. 고감도의 낚싯대를 만들고 싶다면, 가능한 한 가볍게 만들어야 한다는 것을 항상 명심하도록 하자.

[2절 대 역시 1절 대와 마찬가지로 강인하고 효율적이다]

또 한 가지 알아야 할 것은 낚싯대 절 수에 따른 브랭크 감도의 문제이다. 1절 대의 감도가 2절 대보다 낫다고 믿는 사람들이 많다. 이는 주로 옛날의 무거운 금속 끼움고리나 가는 초릿대 부분을 말단부에 끼워 연결하는 방식을 사용하여, 연결 부분이 쉽게 헐거워지거나 부서지는 값싼 조립식 낚싯대 때문이라고 생각된다. 현대의 연결 부분은 초릿대 아래 부분의 직경이 크게 되어 있어 버터 부분을 덮어씌우는 형태로 되어 있다. 이러한 연결 부위는 강하고 내구성이 좋다. 연결 부분이 마모되어도 자동 조절되는 구조로 되어 있어 오래 사용해도 헐거워지지 않으며, 또 브랭크의 휨세나 감도에 아무런 영향을 미치지 않는다. 오랜 경력의 노련한 낚시인들도 눈을 가리고 2절 대로 낚시를 하게 하면

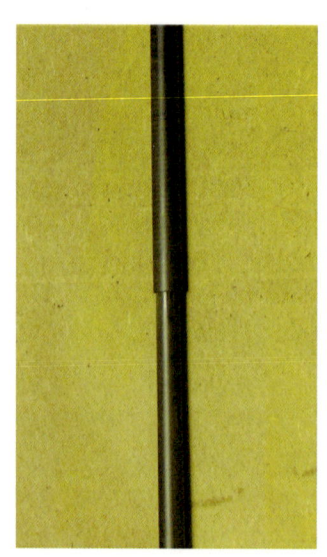

[2절 대 연결부]

1절 대와 구별하지 못한다. 현대의 2절 대는 이 정도로 잘 만들어졌다. 2절 대는 모든 점에 있어서 1절 대와 마찬가지로 강하고, 내구성이 있으며, 효율적이므로, 2절 대의 사용을 꺼려할 하등의 이유가 없다. 다만 2절 대는 제조하기가 다소 어려워서 브랭크 선택의 폭이 좁고 가격이 비싼 것이 흠이다.

그러나 이동이 많은 루어 낚시나 플라이 낚시의 경우, 2절 대는 휴대가 용이하여 1절 대보다 절대적으로 유리하다. 2절 대 낚싯대는 연결 부분을 유리 섬유로 보강해 놓았는데, 보강된 부분은 다소 뻣뻣하게 느껴진다(F 휨세를 선호하는 사람은 오히려 이것을 좋아한다). 그러므로 2절 대 로드 빌딩을 할 때 연결 부분의 변형은 하지 않는 것이 좋다.

탄소 섬유 브랭크를 절단할 때는 고속으로 회전하는 연마석이나 마스킹 테이프(종이테이프)를 감아 절단 부위를 표시한 뒤, 삼각 줄로 브랭크의 둘레를 조금씩 갈아내어 절단한다. 이렇게 해야 브랭크에 손상을 입히지 않는다. 절단 부위는 100번 사포로 정리해 준다.

● **릴 시트 및 손잡이** : 대부분의 로드 빌더들은 낚싯대 손잡이 부분을 만드는 일에 각별한 정성을 들인다. 낚시 어종에 맞추어 자신만의 독특한 형태로 릴 시트에 맞추어 디자인하고 치장하여 미적 완성도를 높이는 작업은, 로드 빌딩에서 낚싯대의 기능을 향상시키고 자신의 창조적 재능을 가장 많이 나타낼 수 있는 부분이다. 따라서 어느 정도 경력이 쌓인 로드 빌더에게는 릴 시트에 맞추어 손잡이 형태를 디자인하여 만들 것을 적극 추천한다. 초보자의 경우 시판하는 손잡이 세트를 구입하여 취향에 맞게 가공해서 사용하는 것도 좋은 방법이다. 시판하는

손잡이 세트는 완성도가 좋아 잘 선택하면 멋진 손잡이를 만들 수 있다.

낚싯대 손잡이는 앞손잡이, 릴시트, 뒤손잡이, 뒤 마개의 4부분으로 구성되어 있다. 손잡이 부분은 낚싯대의 무게 중심이 위치하여 낚싯대 끝에서 전해지는 신호를 손으로 감지하는 부분일 뿐만 아니라, 캐스팅이나 파이팅 시 가장 힘을 많이 받는 부분이다. 따라서 가볍고 건고하게 만들어야 한다. 일단 만들어진 손잡이는 수정하기 어려우므로, 여기서는 초보 로드 빌더들이 처음 손잡이를 만들 때 실수하지 않도록 참고할 만한 사항들을 중점적으로 소개하기로 한다.

[손잡이]

● **손잡이 길이** : 먼저 손잡이의 길이에 대해 알아보자. 실제로 손잡이의 길이에 대한 정확한 기준은 존재하지 않는다. 손잡이는 낚싯대에 릴을 장착하여 캐스팅하고 물고기를 낚아 파이팅할 때 편안하게 느껴지면 된다. 민물과 바다 루어 낚싯대 구분 없이 모든 경우에, 릴 시트를 손으로 잡고 팔꿈치를 90도 굽혔을 때 브랭크 말단이

팔꿈치 안쪽에 위치하는 것을 기준으로 한다. 민물의 경우 배스, 바다의 경우 농어 정도의 물고기까지는 이 기준에 따라하며, 그보다 가볍거나 힘이 약한 물고기를 대상으로 할 때는 어종에 따라 3-5cm 짧게 한다. 그러나 어떤 경우에라도 낚싯대 말단부가 팔꿈치 바깥으로 벗어나게 해서는 안 된다. 그러면 캐스팅이나 파이팅이 불편하기 때문이다. 보다 자세한 것은 뒤에 나오는 '어종에 따른 유형별 낚싯대 빌딩' 편에 소개되어 있다. 어떤 경우든 손잡이를 디자인할 때 기존의 낚싯대를 참조하면 많은 도움이 된다.

● **손잡이 재료** : 손잡이의 재료로 사용되는 물질들은 첫째, 물의 흡수에 의한 변형이 없어야 하며, 둘째, 견고해야 한다. 셋째, 가벼워야 하며, 넷째, 착용감이 좋아야 한다. 참나무 껍질의 내면 조직인 코르크는 이러한 조건을 모두 충족하고 있어서 좋은 천연 소재 낚싯대 손잡이로 알려져 있다. 코르크의 품질 등급은 보통 A, AA, AAA, AAAA로 나타내며, A의 숫자가 많을수록 균열이나 홈이 적어 고급품에 속한다. 낚싯대 손잡이로는 보통 AA나 AAA 등급을 많이 사용한다. AAA나 AAAA와 같은 고 등급의 코르크는 외관이 아름다워 그립 재료로 최상의 대우를 받고 있지만 가격이 매우 비싸다. 코르크 표면에 균열이나 홈이 많을 때는 코르크용 퍼터로 틈을 메우고 사포질을 잘하면, 고 등급의 코르크 못지않게 아름다운 외관을 유지할 수 있다. 초보 로드 빌더들이 코르크를 가공할 때 주의해야 할 점은, 코르크는 특히 절단할 때 부스러지는 성질이 있어서 조심해야 한다는 것이다. 코르크를 절단할 때 마스킹 테이프로 절단할 부분을 감아 표시한 다음 실톱으로 자르면, 자른

[코르크]

[나무]

단면도 깨끗하고 똑바로 절단할 수 있다(쇠톱은 사용하지 않는 것이 좋다). 전기 드릴이나 선반이 있다면 코르크 그립을 고속으로 회전시켜 실톱으로 절단하면 가장 좋은 결과를 얻을 수 있다.

한편 코르크는 목질이므로 신축성이 없다. 따라서 코르크를 브랭크에 장착할 때, 코르크의 내경이 브랭크의 직경보다 작으면 원형 줄이나 리머를 사용하여 코르크의 내경을 충분히 넓혀서 사용한다. 보다 높은 강도를 요구하는 그립의 말단부 뒤 마개는 코르크 조각과 고무를 섞어 성형하여 만든 러버 코르크 등을 사용하면 외관상 보기에도 좋고 험한 낚시 환경에서도 잘 견딘다.

나무 역시 낚싯대 손잡이로 오랫동안 사용되어 온 천연 소재라는 것을 잊어서는 안 된다. 나무 손잡이는 틈이 많고 부스러지는 성질을 가진 코르크보다 단단하며, 외관이 아름답고, 수명이 길어 낚시꾼들에게 많은 사랑을 받고 있다. 값비싼 고급 수제 낚싯대는 나무 손잡이로 된

것이 많다. 그러나 나무는 방수 마감을 잘하지 않으면 물을 흡수하여 변형되며, 코르크보다 무겁고 가공이 어렵다는 단점이 있다.

　초보자의 경우 나무를 손잡이 재료로 선택할 때는, 비교적 가볍고 나뭇결이 아름다운 소나무, 가문비와 같은 침엽수를 사용하는 것이 좋다. 목재 가공에 자신이 있다면 색깔과 무늬가 아름다운, 열대 지방에서 생산되는 단단한 특수 목재를 사용하여 호사스러운 손잡이를 만들 수도 있다. 나무로 만든 손잡이는 파지할 때의 감촉도 좋으며, 낚싯대 끝에서 전해진 진동도 잘 전달해 준다. 최근 들어 값 비싼 코르크를 대체하여 외관상 아름다운 나무 손잡이가 많은 관심을 끌고 있다.

　그러나 나무는 무겁기 때문에(나무 종류에 따라 코르크보다 약 2-5배까지 무겁다) 손잡이 전체를 나무로 하는 것은 바람직하지 않다. 손잡이의 일부만 나무로 제작하는 것이 좋다. 너무 무겁다고 생각되면 나무의 속통을 파내고 가벼운 코르크 등을 삽입하여 제작한다. 이 부분에서 로드 빌더의 솜씨가 드러난다. 나무의 방수 마감은 각종 오일 등을 사용할 수도 있으나, 외장용 투명 우레탄 수지나 래커 계열의 도료에 디핑(dipping)하여 방수 마감하면 흠집이 잘 나지 않고, 나무의 색상과 무늬가 아름다운 광택과 함께 잘 드러난다.

　합성 물질로서는 아크릴계의 하이파론(hypalon)이나 EVA(Ethylene vinylacetate) 폼 등의 고분자 물질이 낚싯대 손잡이 재료로 널리 쓰인다. 이 역시 손잡이 재료로서 코르크 못지않게 좋다(국내에서 하이파론은 구하기 어렵다. 그리고 하이파론이 EVA보다 특별한 장점을 갖고 있지는 않다). 이러한 합성 고분자 물질 폼은 다양한 색상뿐만 아니라 신축성이 있어서 가공하기에 용이하다. 합성 폼을 선택할 때는 경도가 높은(경도 60 이상) 것이 고급품이다. 일반적으로 폼을 손톱으로 가볍게 눌러서 약 3분 내에 원상회복이 되면 그립으로서 충분한 경도를 가지고 있다고 보면 된다. 합성 폼의 절단은 마스킹 테이프로 감아 표시한 뒤 면도날로 하는 것이 일반적이다. 전기 드릴이나 선반이 있으면 합성물질 폼을 고속으로 회전하며 가느다란 나일론이나 폴리에스테르 실로 절단하면 자른 단면이 깨끗하다. 합성물질 폼 손잡이를 구입할 때는 내경이 브랭크의 외경보다 1-2mm 작은 것으로 구입해야 한다. 내경이 작아도 신축성이 있어 접착제와 함께 사용하면 쉽게 브랭크에 장착할 수 있다.

● 릴 시트 : 파이프 모양의 기본 디자인으로 되어 있으며, 옛날이나 지금이나 모양에 있어서 큰 변화는 없다. 가볍고 건고한 나무, 알루미늄, 탄소 복합수지 등이 릴 시트의 소재로 많이 사용된다. 특히 탄소 복합수지로 만들어진 것은 튼튼하고 가벼워서 모든 종류의 낚싯대에 널리 사용된다. 릴 시트의 선택은 사용하는 릴을 넉넉하게 장착할 수 있고 손

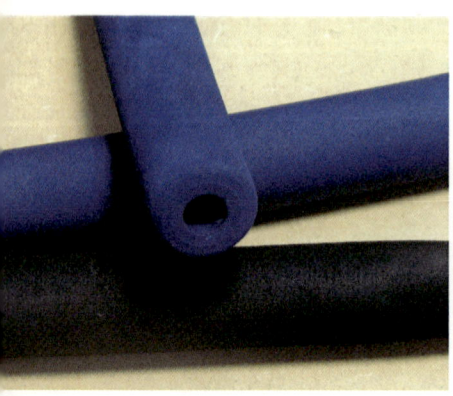

[EVA]

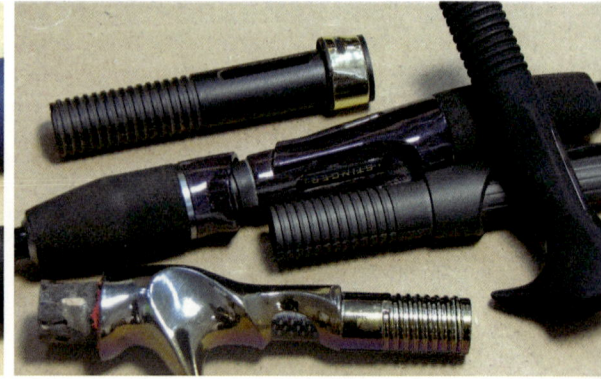

[릴 시트]

으로 잡아서 착용감이 좋은 것으로 한다. 릴 시트의 직경이 너무 작거나 크면 장시간 낚시에 불편하다. 보통 릴 시트는 외경이 18-25mm 정도가 적당하다. 릴 장착 부분이 두 조각으로 되어 있는 분리형 릴 시트도 시판되고 있는데, 무늬와 색상이 아름다운 나무를 잘 가공하여 같이 조립하면 의외로 아름답고 좋은 기능의 릴 시트를 만들 수 있다.

로드 빌딩을 할 때 릴 시트는 특별한 경우가 아니면 낚싯대 크기에 상관없이 한 가지 크기와 종류의 릴 시트로 통일하는 것이 좋다. 이렇게 하면 그립 가공 작업이 용이하며, 어떤 낚싯대를 사용하든 편안하게 사용할 수 있는 장점이 있다. 이는 골프 클럽의 손잡이를 동일하게 통일해 놓은 것과 같다.

릴 시트는 캐스팅이나 파이팅을 할 때 낚싯대를 제어하고, 낚싯대 끝에서 전해지는 각종 신호를 손으로 직접 전달해 주는 중요한 역할을 한다. 그러므로 릴 시트를 브랭크에 부착할 때는 견고하게 부착하는 것이 중요하다. 릴 시트의 내경은 브랭크 외경보다 크므로 부착할 때 브랭크 직경과 릴 시트 내경 간의 간격을 잘 메워 주어야 한다. 간격이 차이가 1-2mm 내외로 그리 크지 않을 때는, 무명실이나 마스킹 테이프를 브랭크 주위에 여러 겹 감아 부싱(bushing, 원형 테)을 만들어 접착제와 함께 부착하는 것이 일반적인 방법이라고 할 수 있다. 아트지나 알루미늄 테이프 등도 부싱 만들기에 좋은 재료이다. 마스킹 테이프보다 딱딱하여 진동이 더욱 잘 전달되므로 테이프를 사용하고 싶을 때 아트지나 알루미늄 테이프를 사용하는 것이 더 낫다.

간격의 차이가 크면 테이프 등을 사용하여 만든 부싱을 사용해서는 안 된다. 코르크, 목재, 경질 우레탄 등, 단단하여 신호를 잘 전달해 줄 수 있는 아보(arbor, 원형 축)를 사용하여 간격을 메우고 접착제로 접착해야 한다. 테이프를 여러 번 감아 만든 부싱들은 탄력성이 거의 없어 캐스팅이나 파이팅을 할 때 릴 시트에서 브랭크로, 또는 브랭크에서 릴 시트로 전해지는 힘의 전달이 원활하지 않으므로, 가해진 힘에 대한 반응이 느리고 낚싯대 팁으로부터 오는 신호를 손바닥에 잘 전달해 주지도 못한다.

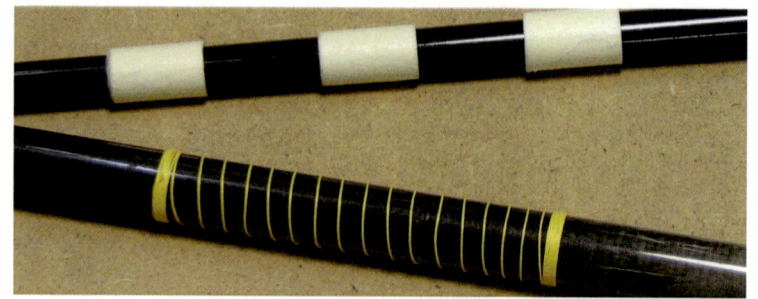

[부싱]

[아보]

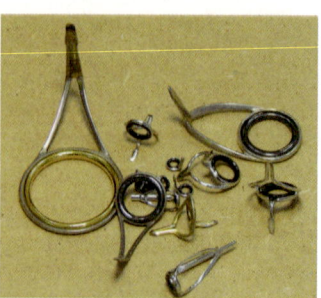

[가이드]

● 가이드 : 가이드의 기본적인 역할은 캐스팅할 때 낚싯줄을 제어하고, 물고기를 낚았을 때 물고기와의 파이팅을 원활하게 하는 것이다. 가이드를 선택할 때는 원하는 대상 물고기에 따라 기본적인 내구성을 충

족시키는 범위 내에서 최대한 가벼운 것으로, 그리고 낚싯줄과 마찰이 적은 것으로 해야 한다. 요즘은 다양한 형태와 재료로 만든 우수한 가이드들이 여러 곳에서 많이 생산되기 때문에 로드 빌더들의 가이드 선택의 폭이 매우 넓다(그러나 초보자들에게는 이것이 가이드 오히려 가이드 선택에 혼란을 일으킬 수도 있다).

가이드의 종류는 대체로 높이에 따라 프레임이 높게 설계된 하이 프레임(High frame)과 낮게 설계된 로우 프레임(low frame)으로, 그리고 가이드가 받는 힘의 정도에 따라 외발 가이드(single foot)와 양발 가이드(double foot)로 분류된다. 일반적으로 하이 프레임 형태는 스피닝(spinning) 낚싯대용이며, 로우 프레임 형태는 캐스팅(casting) 낚싯대용이다. 양발 가이드는 대어를 상대로 하는 강한 캐스팅 낚싯대에 주로 사용한다. 그러나 이러한 분류는 어디까지나 일반적인 것이며, 많은 경우에 혼용하여 사용한다.

초보자뿐만 아니라 상당한 경력의 로드 빌더들도 낚싯대를 만들 때 가이드의 적정 크기와 개수의 선택을 어려워하며 세트로 구입하는 경우가 많으나, 이것은 현명하지 않은 선택 방법이다. 가이드는 자신이 사용하는 릴의 종류에 따라, 그리고 자신이 만들고자 하는 낚싯대의 강도 및 길이에 따라 최적의 크기와 높이의 가이드를 하나씩 선택적으로 구입해야 한다. 뒤의 '가이드 배열' 편에 가이드 선택 방법이 자세히 소개되어 있다.

요즘 시판하는 대부분의 가이드들은 금속 프레임과 알루미늄 옥사이드(aluminium oxide), 지르코늄 옥사이드(zirconium oxide), 실리콘 카바이드(Sic; silicon carbide) 등의 세라믹 링으로 이루어져 있다. 세라믹은 돌과 금속의 성질을 동시에 가진 무기물이다. 돌처럼 경도가 높아 잘 마모되지 않으면서, 금속처럼 매끄러운 표면을 가지고 있다. 이러한 성질 때문에 세라믹 가이드는 낚싯줄을 매끄럽게 통과시키고 동시에 마찰로 인해 발생한 열도 잘 분산시키는 성질이 있어서 험한 낚시 환경에서도 낚싯줄을 손상시키지 않는다. Sic 링은 케블라 같은 강인한 낚싯줄에도 손상되지 않는 경도를 가지고 있다. 프레임은 주로 SS304나 SS316의 스테인리스가 사용된다. SS316은 탄소 함유량이 낮아 부식성이 적다. 스테인리스 프레임은 과도한 부하가 걸리면 굽혀지지 않고 부서지지만, 대부분의 민물낚시나 바다에서의 갯바위 낚시에서는 별 문제가 없어 가장 널리 사용되고 있다. 티타늄 프레임은 스테인리스보다 훨씬 가볍고 바닷물에 의한 부식성도 없으며 부서지지도 않아 낚싯대에 이상적이기는 하다. 하지만 너무 고가여서 가격 부담이 크다는 단점이 있다.

● **래핑 사(絲)**: 브랭크에 가이드를 부착한다든가 손잡이나 브랭크를 장식할 때 래핑 사를 사용한다. 래핑 사는 보풀이 없고 충분한 강도가 있으면 된다. 폴리에스테르 사, 나일론 사, 견사(명주실) 등이 널리 사용된다. 래핑 사는 크로스 랩이나 웨이빙 같은 기법으로 낚싯대를 장식할 목적으로도 사용되기 때문에 색상이 다양하다. 래핑 전용으로 제작된 실들은 실의 굵기에 따라 A, B, C, D…, 등의 알파벳 순서로 분류된다. A사가 가장 가늘고 B, C, D 등 알파벳 순서로 굵어진다. 가장 많이 사용하는 래핑 사는 A와 D사이다. 일반 가이드의 부착 용도로는 A사를 가장 많이 사용한다. 거친 환경에서 힘이 센 메타 급 이상의 대어를 상대하는 강한 낚싯대의 경우는 가이드가 크므로 보다 굵은 D사로 래핑

부착한다.

래핑 사는 색상이 다양해서 가이드 부착뿐만 아니라 다양한 래핑 기술을 사용하여 손잡이나 브랭크를 아름답게 장식할 수 있다. 크로스 랩이나 웨이빙 기술을 이용하면 아름다운 색상의 문양, 글자,

[래핑 사]

그림 등을 손잡이나 브랭크에 만들어 넣어 낚싯대를 거의 예술적 수준으로 아름답게 치장할 수 있다.

래핑을 한 후 실과 색상을 보호하기 위하여 아크릴(acryl) 계의 색상보호제를 사용하여 1-2회 도포하는 것이 좋다. 래핑 사로 사용하는 나일론 사와 색상을 나타내는 염료는 자외선에 취약하므로 장시간 햇빛에 노출되면 분해되어 실의 강도가 떨어지고 색상이 변한다. 이때 색상 보호제는 자외선을 차단하여 래핑 사와 염료를 보호해 주는 역할도 하므로 색상 보호제의 사용을 권장한다.

색상 보호제가 필요 없는 래핑 사도 있다. NCP(no color preserve) 사라는 이름으로 시판하고 있는데, 현미경으로 살펴보면 일반 나일론 사와는 달리 스펀지와 비슷한 구조의 다공성 구조를 가지고 있으며, 이러한 구조 때문에 자외선에 의한 손상이 없다. 일반 나일론 래핑 사에 비해 NCP사는 다소 뻣뻣하며 강도가 조금 떨어진다. 색상도 덜 선명하나, 때로는 이러한 색상이 오히려 고급스럽게 보일 수도 있다. 색상 보호

제를 따로 사용하지 않을 경우에는 NCP사를 사용하는 것이 좋다.

한편 래핑의 외관적 아름다움을 더해 주기 위한 다양한 색상의 금속사(tinsel)도 있다. 주로 금사나 은사가 많이 쓰이는데, 강도는 일반 래핑사에 비해 많이 떨어지므로 장식용으로만 용도를 한정시켜 사용하는 것이 일반적이다.

● 접착제 및 마감제 : 로드 빌딩용 접착제나 마감제는 모두 에폭시 수지 계열의 물질을 사용한다. 모두 주제와 경화제의 2액으로 구성되어 있다. 주제와 경화제를 혼합하면 경화가 진행된다. 경화되기 전에는 주제와 경화제 모두 세척용 알코올에 잘 용해된다. 에폭시 수지의 특성은 용매가 포함되어 있지 않아, 밀폐된 공간 내에서도 주제와 경화제가 화학적으로 반응, 경화한다. 일반 용매 형 수지는 용매가 휘발하면서 경화가 진행된다. 따라서 낚싯대의 손잡이 부분과 같이 밀폐된 공간에서는 휘발성 용매가 휘발되지 않으므로 경화가 되지 않는다. 에폭시 수지들은 경화되지 않았을 때 서로 뭉치는 점착성 액체로 존재하며, 경화가 완료된 에폭시 수지는 딱딱해져서 공간을 메워 주는 필러(filler) 역할도 함께 한다. 경화된 에폭시 수지는 딱딱하지만 유연성이 있어 낚싯대의 접착제나 마감제로 사용하기에 이상적이다.

5분 경화 에폭시 접착제 : 주제와 경화제를 1:1 비율로 혼합하면, 5분 이내의 빠른 시간 내에 경화가 완료된다. 5분 경화 에폭시 접착제는 경화 시간이 빠르기 때문에 톱 가이드 부착이나 장식용 링의 부착과 같은, 빠른 시간 내에 마칠 수 있는 작업을 위한 용도로 쓰인다. 일반 공구상에서 쉽게 구할 수 있다. 5분 경화 에폭시 접착제는 점도가 높아 쉽게 흘러내리지 않으며, 튜브 형 혹은 주사기 형의 용기에 넣어 시판한다. 경화 시간이 빠르기 때문에 손잡이 조립처럼 시간이 걸리는 작업에 사용했다가는 작업이 끝나기도 전에 경화되어 낭패를 보기 쉽다.

 에폭시 접착제가 나오기 전에는 이러한 톱 가이드 부착과 같은 작업에, 열을 가하여 녹여서 사용하는 고체 형 글루를 사용했다. 고체 형 글루는 접착력이 에폭시 접착제보다 약할 뿐만 아니라, 여름의 뜨거운 햇볕에 장시간 노출되면 접착한 글루 부위가 녹아서 톱 가이드가 돌아가는 일이 발생하기도 한다. 아직도 이러한 고체 형 글루를 일부 로드 빌딩 용품점에서 톱 가이드 부착용으로 판매하고 있으나, 고체 형 글루를 로드 빌딩에 사용해서는 안 된다.

[5분 경화 에폭시 접착제]

[30분 경화 에폭시 접착제]

● **30분 경화 에폭시 접착제** : 손잡이를 정렬하여 부착하는 작업처럼 시간이 걸리는 작업에는 30분 경화 에폭시 접착제를 사용한다. 이 접착제는 5분 경화 에폭시 접착제보다 점도가 많이 낮아 쉽게 흘러내린다. 주제와 경화제를 1:1의 비율로 혼합해 놓으면 약 0.5-1시간 후부터 경화

되기 시작하고, 4-5시간 경과하면 상당히 경화가 진행되어 작업을 계속할 수 있는 상태가 된다. 그리고 하루 정도 지나면 완전히 경화된다.

로드 빌딩 전용으로 시판되는 것도 있고, 일반 상점에서 주사기 형태로 판매하는 것도 있다. 또 공구점에 가면 공업용으로 나오는 대용량 에폭시(약 1kg) 접착제도 있다. 어떤 것을 사용해도 좋다.

에폭시 접착제는 금속, 나무, 대부분의 플라스틱 등을 강하게 접착시키며, 그 접착력은 약 300kg/cm2에 달한다. 따라서 에폭시 접착이 잘된 손잡이는 어떤 낚시 환경에서도 낚시 도중에 손잡이가 헐거워져서 돌아가는 일 등은 발생하지 않는다.

에폭시 작업을 할 때는 항상 세척용 알코올(80-90% 에탄올 혹은 프로판올; 세척용 알코올보다 더 강한 신나 같은 용제를 사용하면 브랭크의 수지를 녹일 위험성이 있으므로 주의해야 한다)과 종이 타월을 준비하여, 과량의 에폭시 접착제를 즉시 닦아서 제거해 주어야 한다. 즉시 제거하지 않으면 경화되어 제거가 거의 불가능할 정도이다.

2액 에폭시 마감제

● **2액 에폭시 마감제** : 래핑 작업을 마친 후 래핑사와 브랭크를 일체화하고 래핑 부위의 외관을 아름답게 마감하기 위한 용도로 2액 에폭시 마감제를 사용한다. 에폭시 마감제는 일부 접착 기능도 있으

나, 어디까지나 마감제이므로 앞서 소개한 에폭시 접착제들에 비해 접착력은 많이 떨어진다. 그러므로 접착제로 사용해서는 안 된다. 에폭시 마감제는 크게 두 가지 종류로 나뉜다. 일반형인 24시간 경화 에폭시 마감제와 하이 빌더(high builder)로 알려진 12시간 경화 에폭시 마감제의 두 가지 이다. 하이빌드 형은 일반형보다 점도가 높아 보다 끈적거린다.

에폭시 마감 작업은 빌딩(building)한 낚싯대의 완성도를 결정짓는 마지막 작업이므로 정성 들여 작업해야 한다. 에폭시 마감 작업을 성공적으로 하기 위해서는 알려진 회사에서 제조한 로드 빌딩 전용 에폭시 마감제를 사용하는 것이 좋다. 제조처가 분명하지 않은 저가의 에폭시 마감제는 마감 작업 완료 후 시간이 지나면 변색되거나 깨어질 수 있다.

에폭시 마감제를 구입하면 보통 약 5ml 용량의 플라스틱 주사기를 같이 준다. 주사기는 주제와 경화제용으로 구분되어 있는데, 이 주사기들을 사용하여 주제와 경화제를 적정량 취해서 잘 섞어 사용한다. 주사기를 시중에서 구입할 때는 실리콘의 포함 여부를 잘 확인해야 한다. 에폭시는 실리콘을 녹이므로 실리콘 포함 주사기를 에폭시 계량에 사용하면 안 된다.

일반형인 24시간 경화 에폭시 마감제는 주제와 경화제 비율을 1:2로, 하이빌드 형인 12시간 경화 에폭시 마감제는 1:1의 비율로 사용한다. 사용 양은 가이드 래핑의 경우 주제와 경화제를 합하여 약 3ml 정도면 충분하다.

마감작업을 할 때는 4-6호의 끝이 넓은 미술 붓을 사용하는 것이 좋다. 코팅 작업은 먼저 래핑 사만 적실 정도로 얇게 첫 코팅을 한 다음,

약 7시간 정도 경과한 후(이 정도 시간이 경과하면 표면은 상당히 경화가 진행되어 손에 묻어나지 않는다), 약간 두껍게 두 번째 코팅을 하여 마감한다. 일반형이나 하이빌드 형 모두 드라이 모터(약 5-15rpm)를 사용하여 회전하면서 경화시킨다. 경화가 완료되면 유리 표면과 같이 반짝이는 아름다운 마감이 된다. 일반형은 약 24시간, 하이빌드 형은 약 12시간이 경과하면 경화가 완료된다.

2. 로드 빌딩 도구

[파워 래핑 기]

　로드 빌딩은 일반 공구점에서 쉽게 구입할 수 있는 간단한 공구나 자작(自作) 가능한 도구들만으로도 누구나 쉽게 할 수 있다. 로드 빌딩 순서에 따라 필요한 기본 도구들에 대해 알아보도록 하자. 아래에 소개한 도구들은 모두 필요 부품을 구입하여 자작한 것으로서, 로드 빌딩에는 그리 복잡하거나 정교한 값비싼 도구가 반드시 필요한 것은 아니라는 사실을 보여준다.

● 로드 래핑 기 : 브랭크 직선축의 결정, 가이드 부착, 크로스 랩, 웨이빙 등에 필요한 필수 도구이다. 두꺼운 종이박스의 마주 보는 양면을 V자 형태로 잘라 내거나, 두께 약 5-10mm 정도의 송판이나 합판을 V 블록 형태로 잘라 마주 보게 고정하여 만든다. 알루미늄 프로파일과 베어링 등을 이용하면 보다 손쉽게 정교하고 보기 좋게 만들 수 있다.

로드 래핑 기는 브랭크를 수평으로 지지하며 회전할 수 있게 하는 도구이다. 가이드 래핑, 크로스 랩, 웨이빙 등 로드 빌딩에 필수적인 각종 래핑 작업에 유용하게 사용된다. 래핑 작업을 할 때는 고무 밴드를 V 블록에 가로질러 장착하여 브랭크 회전에 어느 정도의 저항을 주면, 손이 자유로워 편안하게 작업할 수 있다. 전기 모터가 장착된 고급의 파워 로드 래핑 기도 있으나, 개인 로드 빌더에게는 권장하지 않는다.

파워 로드 래핑 기는 부드러운 코르크나 EVA 가공용 선반으로 겸용

[로드 랩핑기]

해 사용할 수도 있다. 파워 래핑 기를 선반으로 사용할 계획이 있다면, 회전축의 중심이 잘 잡혀 있는지 꼼꼼히 살펴봐야 한다. 중심이 정확하게 잡히지 않으면 회전축이 비뚤어져 손잡이 등을 가공할 때 편 마모가 일어나 낭패를 보기 쉽다.

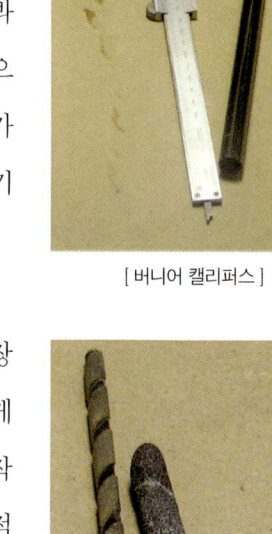
[버니어 캘리퍼스]

● **라인 텐션 기** : 래핑 사에 적절한 장력을 주어 래핑을 탄탄하게 할 수 있게 한다. 라인 텐션 기를 사용하면 래핑 작업 중 다른 작업을 위해 래핑을 일시적으로 멈추더라도 래핑 한 실이 풀리지 않는다. 로드 래핑 기에 좌우로 이동할 수 있게 장착하면, 위치를 필요한 곳으로 옮겨가며 편리하게 래핑 작업을 할 수 있다. 라인 텐션기가 없으면 두꺼운 책 사이로 래핑 사를 통과시켜 같은 기능을 수행하게 할 수도 있다.

● **버니어 캘리퍼스**(vernier caliper) : 브랭크, 손잡이, 아보 등의 내경이나 외경을 측정할 때 사용한다.

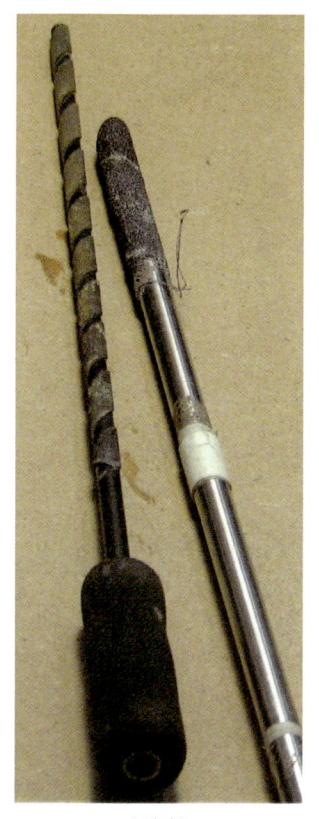
[리머]

● 리머(reamer) : 손잡이의 내경이 브랭크 외경보다 좁을 때, 손잡이 내경을 넓혀 브랭크에 장착하고자 할 때 사용한다. 리머는 부러진 낚싯대 브랭크, 금속 튜브, 목재 봉 등에 80-100번 사포를 테이프 형태로 잘라 순간접착제로 접착하면 쉽게 만들 수 있다. 직경 약 5-15mm의 범위 내에서 몇 개 만들어 놓으면 유용하게 사용할 수 있다.

● 클램프(clamp) : 손잡이를 조립할 때 각종 부품들 사이의 접착을 빈틈없이 탄탄하게 고정, 접착시키는 데, 혹은 코르크 손잡이를 만들 때 코르크 링들을 접착하는 데 사용한다. 단단한 나무나 플라스틱 판 사이에 직경 8mm, 길이 500mm 정도의 나사 홈이 있는 강철봉을 2개 나란히 장착하고, 나비나사를 이용하여 조일 수 있게 하여 제작할 수 있다. 시중에 판매하는 실리콘 건을 약간 개조해도 좋은 클램프가 된다.

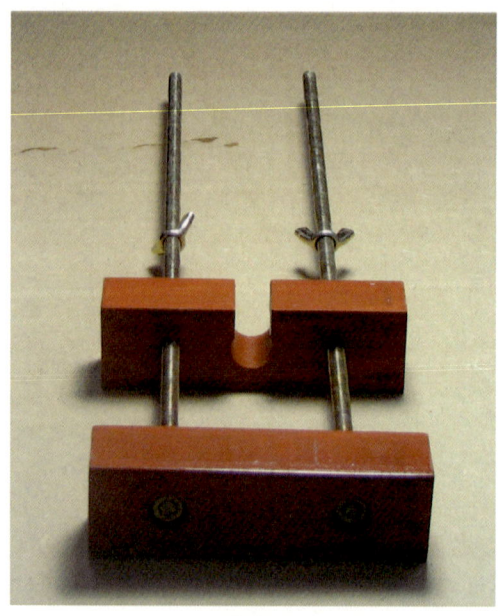

[클램프]

● 에폭시 경화기 : 5-18rpm의 저속 모터와 브랭크 지지대로 구성되어 있다. 에폭시 마감작업이 끝난 뒤 아직 경화가 되지 않은 에폭시 마감제를 원형으로 보기 좋게 경화시키고자 할 때 사용한다. 수동 로드 래핑기에 저속 모터를 장착하면 훌륭한 에폭시 경화 장치가 된다. 그러나 에폭시 마감제의 경화에는 많은 시간이 소요되므로(12-24시간), 에폭시 경화 장치는 따로 만들어 에폭시 경화 전용으로 사용하는 것이 좋다. 아름다운 에폭시 마감작업에 필수적이므로, 로드 빌딩 초보자들도 에폭

[에폭시 경화기]

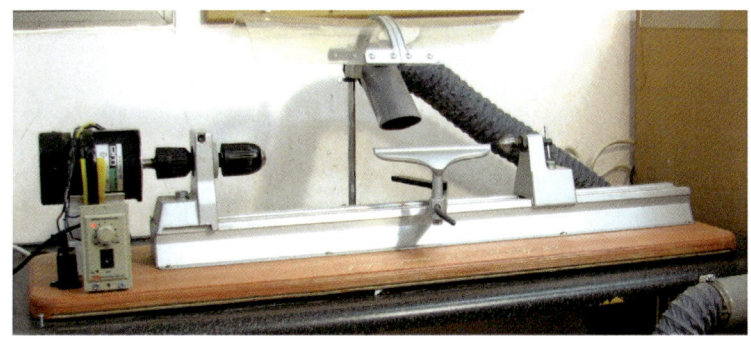

[목공 선반]

시 경화 장치는 반드시 있어야 한다.

● **전기 드릴, 선반** : 코르크, EVA, 나무 등의 손잡이 형태를 가공하거나 아보를 제작할 때 필요하다. 낚싯대 손잡이 부품들은 대개의 경우 중심 구멍이 있다. 따라서 이런 부품들을 길이 약 10cm 내외, 직경 6-10mm의 강철 봉 이나 파이프에 단단히 끼워 고정하고 전기 드릴에 장착하여 회전시키면서 원하는 형태로 사포 가공을 할 수 있다. 부품의 중심 구멍이 커서 헐거우면, 마스킹 테이프를 강철봉이나 파이프 주위에 감아 부품을 끼우면 단단히 고정시킬 수 있다. 여유가 있다면 이러한 작업에는 목공 선반을 구입하거나 만들어서 사용하면 훨씬 효과적이다.

[전기드릴]

● **기타** : 삼각 줄, 평면 줄, 실톱, 커터 날, 사포, 삼각자 등. 삼각 줄은 브랭크를 절단할 때, 평면 줄은 가이드 다리를 가공할 때, 실톱은 코르크의 절단, 커터 날은 EVA의 절단 및 래핑 사 절단 등에 사용된다. 사포는 100번, 300번, 800-1000번 정도의 거친 것부터 부드러운 것까지 3종류 정도를 준비하여, 손잡이를 가공할 때, 또는 브랭크나 손잡이의 절단면을 미끈하게 정리할 때 사용할 수 있다. 그 외에도 투명한 플라스틱 막대 자, 삼각 자, 각도기, 줄 자, 마스킹 테이프, 펜치, 종이 타월 등도 준비하여 목적에 맞게 사용한다.

3. 브랭크 기준 축의 결정

1970년대 초반 한 로드 빌더가 탄소 섬유 브랭크 말단부를 바닥에 대고 중간 부분을 눌러 압력을 가하면, 브랭크가 회전하여 특정 위치에서 멈추는 현상을 발견했다. 이는 브랭크의 한 부분이 다른 부분보다 강직하여 일어나는 현상으로서, 탄소 섬유 시트를 튜브 형태로 말아 브랭크를 제조하는 과정에 따른 불완전성에 의한 것이다. 이런 불완전성에 의해 강직해진 브랭크의 한 부분을 스파인(spine; 척추)이라고 한다. 이는 가이드 배열을 할 때 중요한 기준 축으로 사용되었다. 한때는 가이드 배열을 할 때 이 스파인을 기준으로 하지 않으면 낚싯대가 비틀려 캐스팅 할 때 정확도가 떨어지고, 파이팅 할 때는 낚싯대가 부서질 수 있다고까지 생각했다.

[스파인 찾기]

그러나 1980년대 초반 미국에서 인간의 실수나 오차를 배제한 기계적 캐스팅 장치를 이용해 수천 번의 순수 캐스팅 시험이 이루어졌다. 이 시험으로 스파인은 캐스팅의 정확도에 아무런 영향을 미치지 않으며, 파이팅 시 어긋난 스파인 위치에 의한 낚싯대 비틀림 현상은 무시할 만한 수준이라는 것이 밝혀졌다. 결론적으로, 스파인은 브랭크의 기준 축이 될 수 없다는 것이다.

● **태생적 커브** : 거의 모든 브랭크는 태생적으로 약간의 커브나 휜 부분이 있다. 이는 제조 과정에서 불가피하게 생긴다. 브랭크에 따라 커브가 여러 개 존재할 수도 있고 스크류처럼 꼬여 있을 수도 있다. 좋은 브랭크는 거의 직선에 가깝지만 하나의 일정한 커브를 가지고 있다. 사실은 이렇게 일정한 커브가 있는 브랭크가 완벽하게 직선을 이루고 있는 브랭크보다 우수한 브랭크이다. 브랭크에 가이드를 부착하면, 이렇게 커브가 있는 브랭크는 거의 직선이 되지만, 완벽하게 직선인 브랭크는 낚싯대 초릿대 부분이 아래로 처져 버린다. 역학적으로 보면 일정한 커브가 있는 축이 가장 강직한 축이다.

● **캐스팅의 정확도** : 캐스팅의 정확도에 영향을 미치는 것은 브랭크의 직선도이다. 낚싯대 브랭크가 캐스팅 방향으로부터 벗어나 휘어져 있으면 캐스팅의 정확도가 떨어진다. 브랭크 초릿대 부분이 캐스팅 방향과 일치하지 않으면 낚시 추는 직선으로 날아가지 않고 원호를 그리며 날아가며, 이것이 캐스팅의 정확도를 떨어뜨리는 원인이 된다.

● 비틀림 현상 : 파이팅 할 때 나타나는 낚싯대의 비틀림 현상은 낚싯줄의 위치가 브랭크 중심축으로부터 벗어난 위치에 있는 가이드 상에 있을 때 나타난다. 즉 부하가 걸린 낚싯줄이 중심축에서부터 벗어난 가이드를 지렛대 삼아 브랭크 축을 중심으로 회전하여 비틀림 힘을 나타내기 때문이다. 이 힘은 동역학적인 힘으로서, 이에 비하면 스파인의 위치에 의한 정적인 비틀림 힘은 무시할 만한 크기에 지나지 않는다. 가이드 높이가 높을수록 이런 동력학적 비틀림 힘은 커진다. 파이팅 할 때 비틀림 힘이 가장 크게 나타나는 낚싯대는 브랭크 상단에 가이드가 배열된 캐스팅 낚싯대이다. 가이드가 브랭크 상단에 위치하므로 부하가 걸려 하단에 위치하려는 낚싯줄에 의해 비틀림 힘이 나타나는 것이다. 반면에 가이드가 하단에 위치한 스피닝 낚싯대에서는 이런 비틀림 힘이 나타나지 않는다. 그러나 스피닝 대에서도 파이팅 할 때 물고기가 좌우로 움직이면 비틀림 현상이 나타난다. 이런 사실들은 스피닝 UL 낚싯대로 배스 낚시를 해보면 쉽게 이해될 것이다.

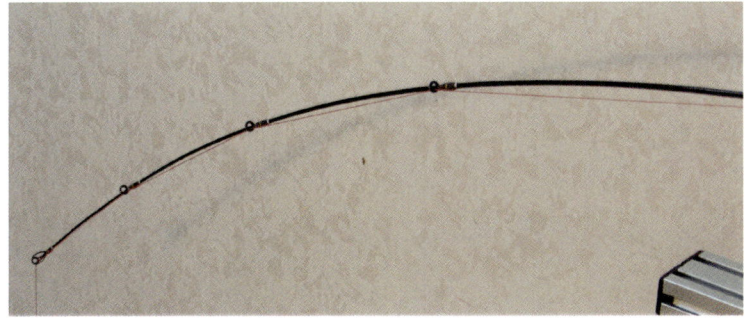

[비틀림 현상; 하단에 위치하려는 낚싯줄에 의해 비틀림 힘이 발생한다.]

스파인은 어느 방향에 있든 캐스팅의 정확도를 유지하거나 낚싯대의 비틀림을 방지하는 역할을 하지 않는다. 브랭크의 직선도가 가장 큰 축을 찾아, 그곳을 브랭크 가이드를 부착하는 기준 축으로 해야 한다. 이렇게 했을 때 비로소 캐스팅을 하거나 루어를 움직이고 물고기를 챔질하여 파이팅할 때, 브랭크의 가장 강직하고 똑바른 축을 사용할 수 있는 것이다.

4. 낚싯대 밸런스

[낚싯대 밸런스는 릴 스풀 중앙을 기준으로 한다.]

좋은 낚싯대는 물고기의 미세한 움직임도 전달해 줄 수 있는 좋은 감도를 가져야 할 뿐 아니라, 장시간 사용해도 피로감을 느끼지 않고 편안하게 사용할 수 있어야 한다. 낚싯대의 감도는 낚싯대의 무게가 가벼울수록 증가한다. 따라서 낚싯대의 감도를 높이기 위하여 로드 빌더들은 낚싯대를 가급적 가볍게 만들려고 한다. 특히 낚싯대에서 가장 무거운 부분인 손잡이를 만들 때, 로드 빌더들은 이러한 낚싯대 경량화 문제에 대해 가장 많이 고심한다. 가능한 한 가벼운 소재를 사용하고, 손잡이를 짧게 설계하며, 최소한의 에폭시 접착제를 사용하려 하는 것이다.

그러나 낚싯대는 손잡이 부분이 극단적으로 브랭크의 말단부에 치우쳐 있는 구조를 가지고 있어서, 과도하게 낚싯대 경량화에만 초점을 맞추어 손잡이를 만들면, 길게 뻗어 있는 초릿대 부분에 무게가 치우치게 된다. 즉 또 다른 중요한 요소인 낚싯대의 밸런스가 나빠지게 되는 것이다. 낚싯대는 릴을 장착하여 무게 중심이 릴 스풀 바로 앞에 있는 것이 가장 좋다. 낚싯대의 밸런스가 나쁘면 정확한 근거리 캐스팅이 어려워지고, 플리핑이나 피칭 등의 낚시 기법을 구사하는 배스 낚시나 급류에서 하는 쏘가리 낚시 등에서 주로 사용하는 손목 근육이 쉽게 피로해진다. 아무리 좋은 감도의 신호가 전달된다 해도, 근육이 피로해진 사람은 그 신호를 잘 감지하지 못한다.

낚싯대 바늘 끝에서 브랭크를 통해 전해지는 신호의 감지는 감도와 밸런스, 두 요소 모두에 의존한다. 이러한 낚싯대의 감도와 밸런스 간의 상호관계를 이해하고 나면, 이 두 가지를 모두 완벽하게 만족시키는 낚싯대는 만들 수 없다는 것을 알 수 있다. 적절한 선에서 이 감도와 밸런스의 두 요소들을 조화시키는 것이 가장 현명한 해결책이다. 그렇다면 적절한 선이라는 것은 어디에 기준을 두어야 하는가? 낚싯대를 만들 때 다음을 기준으로 한다.

1. 초릿대 부분을 가능한 한 가볍게 하도록 한다. 허용하는 한 가장 작고 가벼운 가이드를 부착하고, 가이드 부착에 필요한 래핑의 길이를 최소화하며, 필요 이상으로 두꺼운 에폭시 마감을 하지 않도록 한다.

2. 버트 래핑이나 웨이빙 등의 장식을 가능한 한 손잡이 쪽으로 가깝게 하여, 무게 증가에 따른 무게 중심점의 이동을 최소화한다. 지레의 원리에 의해 무게 중심점에서 실제 느끼는 무게는 질량과 그 질량이 위치하는 지점까지의 길이의 곱에 비례한다는 것을 알고 있어야 한다.

3. 손목을 많이 사용하지 않고 팔 전체를 주로 사용하는 크랭크 베이트, 스피너

베이트와 같은 하드 베이트 위주의 낚시를 위한 낚싯대와 8 피트 이상의 무겁고 긴 갯바위 낚시용으로 사용하는 낚싯대를 만들고자 할 때는, 밸런스보다는 낚싯대 전체 무게를 가능한 한 감소시켜서, 감도 및 장거리 캐스팅 능력이 좋아지도록 한다. 즉 가능한 한 가벼운 재료를 사용하여 손잡이를 만들되, 손잡이를 보다 길게 만들어 사용하는 것이 좋다.

4. 웜과 같은 소프트 베이트를 사용한다든가, 지깅, 드롭셋, 급류 낚시 등 손목을 많이 사용하는 낚시를 위한 낚싯대는 전체 무게의 경량화를 다소간 희생하더라도, 밸런스에 초점을 주어 만든다. 필요한 경우 낚싯대 말단부(뒤 마개 등)에 무게 추를 삽입하여 밸런스를 맞춘다.

5. 낚싯대의 무게 중심점은 낚싯대에 낚싯줄이 감긴 릴을 부착하여 릴 스풀 바로 앞 약 1-2cm 공간 내에 위치하도록 하는 것이 좋다. 이렇게 하면 오랜 시간 낚시를 해도 손목 근육에 무리를 주지 않고 편안하게 각종 낚시 기법을 구사할 수 있다.

# 5. 로드 빌딩의 실제

[직선축]

처음 낚싯대를 만들어 보는 대부분의 로드 빌더들은 브랭크를 구입한 뒤, 그에 맞추어 로드 빌딩 용품점에서 제공하는 손잡이 세트, 가이드 세트, 그리고 브랭크 길이에 따른 가이드 배열표에 따라 조립하여 첫 낚싯대를 완성한다. 그리고 이렇게 조립하여 만든 첫 낚싯대에 상당한 만족감을 느낀다. 이렇게 만족감을 느낀 로드 빌더들의 상당수는 그 다음부터는 구입한 손잡이 세트 등을 그대로 사용하기보다, 자신의 취향에 맞게 변형 가공하여 사용하기 시작한다. 나아가 일부 로드 빌더들은 조립 수준을 넘어, 손잡이를 직접 제작한다든가 자신의 낚싯대에 아름다운 래핑이나 웨이빙을 추가하여, 보다 개성 있고 멋진 낚싯대를 만들기도 한다. 보다 효율적인 낚싯대에 관심을 가지는 로드 빌더들은 일률적인 가이드 배열표에 만족하지 않고, 상당한 수준의 전문적 가이드 배열까지 시도하게 된다.

여기서는 단순 조립법부터 상당한 수준의 전문성을 필요로 하는 로드 빌딩의 다양한 고급 기법들까지, 초보자도 알기 쉽게 익힐 수 있도록 로드 빌딩의 순서에 따라 소개해 놓았다. 인내력과 여유를 가지고 따라 해 보도록 하자.

5-1 직선 축의 결정

거의 모든 브랭크는 감지하기 어렵지만 미묘하면서도 일정하게 존재하는, 말단에서 팁에 이르는 커브가 존재한다. 이런 커브를 찾아 그것을 기준 축으로 하여 낚싯대를 만들어야 초릿대의 반응이 빠르고 정확한 캐스팅을 할 수 있으며, 파이팅할 때 브랭크가 비틀리지 않아 낚싯대의 수명이 오래 간다. 낚싯대의 손잡이나 가이드의 배열은 모두 이 기준 축을 중심으로 해서 만

[직선축의 결정]

들어야 한다. 따라서 로드 빌딩에서 제일 먼저 하는 작업은 브랭크의 직선 축을 찾는 일이다.

브랭크의 직선 축을 찾을 때, 눈을 부릅뜨고 잘 가늠하면 눈으로도 직선 축을 찾을 수 있다. 그러나 그보다는, 로드 래핑 기나 V 블록을 이용한 역학적인 방법이 더 낫다.

1. 래핑 지지대나 V 블록 2개를 약 30cm 간격으로 하여 세우고, 그 위에 브랭크 버터 부분을 수평으로 직선이 되게 눕힌다. V 블록을 이용할 경우에는 안정성을 위하여 약간의 무게가 있는 테이프 롤 등을 브랭크 버터 부분에 헐겁게 끼워 주는 것이 좋다.

2. 1의 상태에서 브랭크를 회전시켜 보면, 팁 부분에 직선에서 벗어난 부분이 명확히 드러난다. 즉 팁 바로 앞에 과녁과 같은 것을 하나 장치하고 브랭크를 천천히 회전시키면, 직선에서 벗어난 브랭크 팁은 하나의 원을 그린다.

3. 팁이 가장 높은 위치에 오면, 브랭크에 마스킹 테이프를 붙여 그 방향의 축을 표시한다. 이 축이 직선 축인데, 이것을 기준 축으로 하여 로드 빌딩을 시작한다. 기준 축을 상단으로 하면 버터와 팁은 약간 '높게', 중앙부는 약간 '낮게' 된다. 이것을 옆에서 보면 브랭크는 자연스럽게 아래로 처진 곡선을 이룬다. 대부분의 로드 빌더들은 브랭크가 이런 형태일 때, 루어를 움직이고 물고기를 챔질하며 물고기와 파이팅하는 데 있어서 브랭크의 가장 강직하고 똑바른 축을 사용할 수 있다고 생각한다.

5-2 손잡이 제작 및 가공

직선 축을 결정하고 나면 이제 손잡이를 만들어 붙여야 한다. 낚싯대 손잡이는 앞손잡이, 릴 시트, 뒤손잡이, 그리고 뒤 마개로 구성되어 있다. 릴 시트는 릴을 장착, 고정하여 물고기와 파이팅할 때 손으로 잡아 힘을 가할 뿐만 아니라, 낚싯대 끝에서 전해 오는 여러 가지 신호를 손으로 전달해 주는 주된 통로이다. 버터 부분의 긴 후방 그립 부분은 파이팅 시 낚싯대를 세울 때 팔뚝에 받쳐, 손목에 가해지는 힘을 팔 전체와 어깨로 분산시키게 하는 목적으로 사용한다. 짧은 전방 그립은 힘이 센 물고기와 파이팅할 때, 사용하지 않는 손을 앞으로 옮겨 잡아 파이팅을 보다 용이하게 하는 목적으로 사용한다. 이렇게 손잡이는 낚싯대 끝에서부터 전해지는 신호를 전달해 주는 동시에 파이팅할 때 힘을 직접적으로 받는 부분이므로 튼튼하게 만들어야 한다. 일단 만들어진 손잡이는 교체가 거의 불가능하므로 신중하게 치수를 잘 확인하여 만들어야 한다.

손잡이는 낚싯대에서 로드 빌더의 미적 감각을 가장 두드러지게 나타낼 수 있는 부분이다. 앞 손잡이, 뒷손잡이, 릴 시트 등 손잡이 부품들

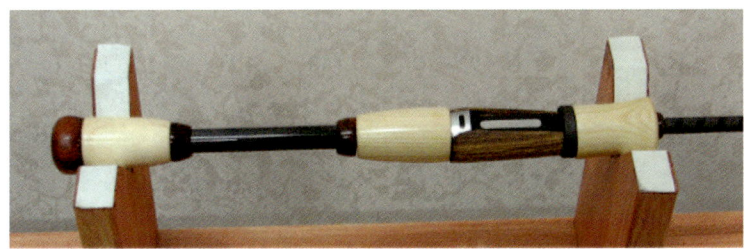

[손잡이]

은 모두 둥근 원형의 부품들로 이루어져 있다. 따라서 낚싯대는 거의 전적으로 이러한 부품들 간의 직경 변화에 의해 시각적으로 아름답게 나타날 때도 있고, 단순히 부품들을 마구잡이로 이어 놓은 것과 같을 때도 있다. 그러므로 손잡이 부품들을 부착할 때 맞춤 부위를 세밀하게 마감해서 직경 변화를 자연스럽게 하여 완성도를 높이면 미적 수준이 높은 손잡이를 만들 수 있다.

● **코르크 손잡이** : 코르크 손잡이는 시판하는 손잡이 세트를 그대로 사용하거나 전기 드릴 등을 이용한 사포 가공으로 변형하여 만들 수도 있으며, 코르크 링을 구입하여 만들 수도 있다. 코르크 링을 구입하여 손잡이를 만들 때는 다음과 같이 한다.

1. 원하는 치수에 맞추어 코르크 링의 개수를 조정한 다음, 30분 에폭시 접착제를 코르크 링 사이에 엷게 도포 하여, 코르크 링의 내경과 같은 외경을 가진 굴대에(시판하는 코르크 링의 내경은 6mm이므로 굴대 역시 6mm로 한다.) 맞추어 넣고 클램프에 장착한다. 이때 접착제의 양은 코르크 링의 표면이 젖을 정도의 적은 양이면 충분하다. 접착제의 양이 너무 많으면 접착제 경화 후 코르크 접착 부분이 표시가 나서 미관상 좋지 않을 뿐만 아니라, 자칫 잘못하면 굴대

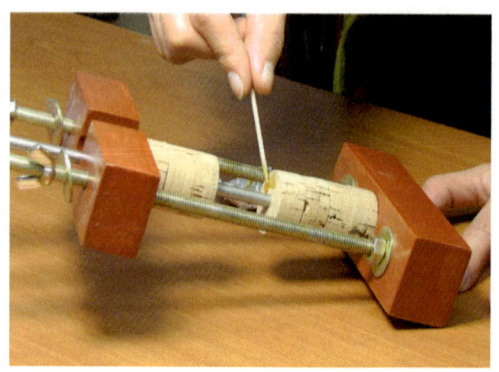

[코르크 접착]

에 코르크가 접착되어 떼어내기가 어렵다.

2. 접착제를 도포한 후, 도포한 접착제가 코르크 틈 사이로 빠져나오지 않을 정도의 압력으로 클램프를 죄어 4-5 시간 방치하여 경화, 접착해서 코르크 봉을 만든다.

3. 만들어진 코르크 봉을 굴대에 단단히 고정하고 전기 드릴이나 선반에 장착한다. 필요하면 마스킹 테이프를 감아 실톱으로 절단하여 적정 치수로 만든 후, 고속으로 회전시켜 사포로 가공한다. 100-120번 사포로 형태를 만들고, 300-400번 사포로 표면을 매끈하게 마감해 준다. 이때 코르크 표면에 홈이 너무 많으면 코르크 보수제를 사용하여 홈을 메우고 300-400번 사포로 마감한다. 사포 가공 작업은 천천히, 그리고 형태와 직경 변화를 자주 확인해야 실수가 없다. 사포 가공을 할 때는 미세 먼지가 발생하기 때문에 항상 마스크를 착용하여 미세 먼지를 흡입하지 않도록 주의해야 한다.

● **합성 폼 손잡이** : EVA와 같은 합성 폼 역시 시판하는 손잡이 세트

[코르크 가공]

[EVA 열처리]

가 있으므로 그대로 사용하거나, 긴 파이프 형태로 판매하는 가공되지 않은 폼 그립을 잘라서 사포로 가공하여 만들 수도 있다. 폼 그립을 구입할 때는 폼 그립 내경이 장착하고자 하는 브랭크 부위 외경보다 1-2mm 작은 것으로 구입해야 한다. 합성 폼은 신축성이 있어서 압력을 가하면 그 내경의 1.5배까지 늘여서 장착할 수 있다. 합성 폼은 다음과 같이 가공한다.

1. 긴 파이프 형태의 합성 폼을 원하는 치수로 절단한다. 절단할 부분을 마스킹 테이프로 표시한 다음 커터 날로 절단하거나, 굴대에 고정시키고 전기 모터나 선반에 장착하여, 고속으로 회전하며 나일론이나 폴리에스테르 실로 절단한다. 실로 절단하면 절단 단면이 깨끗하다.

[EVA 절단]

2. 코르크와 같은 방법으로 사포 가공한다.

3. 약한 가스레인지 불에 가공한 합성 폼 손잡이를 순간 가온하여 열처리한다. 이렇게 열처리를 하면 사포 가공에 의해 부드러워진 표면이 탄탄하게 경화되어 더욱 좋은 착용감을 갖게 된다.

● **나무** : 나무를 가공하는 방법은 기본적으로 코르크와 같으나, 단단해서 가공이 다소 어렵고 쪼개지는 성질이 있으므로 가공에 주의해야 한다. 나무 손잡이 가공에 대한 보다 자세한 설명은 다음 장에 잘 나와 있다.

5-3 손잡이 부착

　형태 가공이 끝난 손잡이 부품들과 릴 시트를 앞손잡이, 릴 시트, 뒤손잡이, 뒤 마개의 순서로 장착할 브랭크와 나란히 정렬하여 맞추어 보고, 각 부품들이 브랭크에 위치할 부분들을 마스킹 테이프나 마커로 표시한다. 그런 다음 표시한 브랭크 부분의 외경을 측정하여, 필요하면 리머로 각 부품들의 내경을 넓혀 브랭크 직경에 맞추어 준다. 손잡이의 부착은 직경이 큰 버터 쪽 부품부터 먼저 하는 것이 원칙이다. 즉 뒤손잡이, 릴 시트, 앞손잡이의 순서로 한다. 뒤 마개는 순서적으로 로드 빌딩의 가장 마지막에 한다. 이는 완성한 낚싯대의 밸런스를 맞추기 위해 무게 추 등을 말단에 삽입해야 할 때도 있기 때문이다.

● **코르크** : 코르크는 신축성이 없으므로, 내경이 브랭크 직경보다 작으면 리머를 이용하여 내경을 넓혀 장착 위치의 브랭크 직경과 맞추어 주어야 한다. 코르크 내경의 크기는 장착 위치보다 약 1cm 팁 쪽 상단의 브랭크 직경과 같이 하면 된다. 브랭크에 장착할 때 1cm 정도는 밀어서 압력을 가하면 제자리를 찾아간다.

[손잡이 정렬; 릴시트 부분은 아보를 사용하여 원 브랭크에 바로 부착해야 한다.]

코르크 내경을 넓힐 때는 여유를 가지고 리머 직경이 작은 것부터 시작하여 점차적으로, 그리고 내경의 변화를 자주 측정하면서 적정한 내경으로 넓혀 나가야 한다. 흔히 하는 실수는 급하게 내경을 넓히다 보면 코르크 손잡이 중심 구멍의 중심이 어긋나게 된다는 점이다. 중심이 어긋나면 장착 후 똑바로 정렬이 되지 않아 보기 흉하므로 조심해야 한다. 로드 빌딩은 항상 서두르지 말고 인내심을 가지고 해나가야 함을 잊지 않도록 하자.

드문 경우이지만, 브랭크 직경이 너무 작아서 코르크 내경이 넓어

[코르크 내경 넓히기]

헐거울 때는, 테이프나 실을 사용한 아보를 만들어 유격을 없이 한 다음 손잡이를 장착한다. 리머로 코르크 내경을 너무 넓혀 헐거워졌을 때도 같은 방법을 사용하면 된다. 이 방법은 유격이 1mm 내외로 그리 크지 않을 때 효과적이다.

코르크 내경을 잘 맞춘 후 주제와 경화제를 1:1 비율로 섞은 30분 에폭시 접착제를 소독저 등으로 잘 혼합하여, 손잡이 조각이 위치할 브랭크 부위 1-2cm 상단에 두껍게 도포한다. 손잡이 접착에는 접착제의 소모량이 많으므로, 작업 도중 접착제가 부족하지 않게 약 20ml 정도로 충분히 준비해야 한다. 손잡이를 장착할 때는 에폭시 접착제가 균일하게 막을 형성하여 퍼지도록 좌우로 돌려가며 버터 쪽으로 약간의 압력을 가해 밀면서 맞추어 장착한다. 이때 새어나온 과량의 에폭시 접착제는 세척용 알코올을 적신 천이나 종이 타월 등으로 새어나오자마자 즉시 깨끗이 닦아낸다. 이 작업은 버터 쪽 조각부터 차례대로 하나씩, 단계별로 시행한다. 조각과 조각이 맞닿는 면은 에폭시 접착제를 한쪽 면이 젖을 정도로만 도포한 뒤, 두 면을 압착하여 2-3 회 좌우로 돌려서 에폭시가 고르게 피막을 형성하게 하여 접착한다. 마찬가지로 과량의 접착제는 알코올로 닦아낸다. 이때 클램프를 사용하여 각 조각들이 일체화되게 압력을 가하여 경화 접착시키면 더욱 좋다.

● **합성 폼** : 합성 폼의 손잡이 부착 방법도 기본적으로는 코르크의 경우와 같다. 그러나 합성 폼은 신축성이 있으므로 장착할 때 다음과 같이 한다.

합성 폼 손잡이는 접착제를 도포하여 아래로 압력을 가할 때 상단부

[손잡이 부착]

를 잡고 밀어서 장착하며, 표시한 위치보다 1-2cm 여유를 두고 멈춘다. 그런 다음, 이번에는 하단부를 잡고 표시한 위치까지 잡아당겨서 장착한다. 이렇게 하면 처음에 밀어서 장착할 때 압축되었던 합성 폼 부분이 원래 상태의 길이로 되돌아온다.

◉ **나무** : 코르크와 방법이 같으나, 내경을 넓힐 때 나무는 단단해서 리머로는 힘들 때가 있다. 이때는 치수에 맞는 목공용 드릴 날을 사용하여 내경을 넓혀야 한다. 이때 내경의 중심이 어긋나지 않도록 조심해야 한다.

◉ **릴 시트** : 릴 시트의 내경은 브랭크 직경보다 크므로 브랭크에 장착할 때 틈을 잘 메워 주어야 한다. 널리 사용되는 방법으로는, 마스킹 테이프를 일정 간격으로 브랭크에 감아 부싱을 만들어서 틈을 메운다. 그러나 마스킹 테이프를 사용하는 방법은 틈의 간격이 1-2mm 내외일 때는 효과적이지만, 틈이 그보다 크면 좋은 방법이라고 할 수 없다. 마스킹 테이프로 만든 부싱은 생각보다 부드럽고 탄력성도 별로 없다. 따라서 신호의 전달성이 나쁘고 힘의 전달도 늦어 낚싯대의 반응이 느려진

다. 만약 테이프를 사용하고 싶다면, 유리에 붙이는 아트지나 알루미늄 테이프를 사용하는 것이 좋다. 간격이 그리 크지 않을 때는 손잡이를 부착할 때와 같이 무명실을 감아 순간접착제로 고정시키고 릴 시트를 부착하는 것이 더 낫다.

틈 간격이 2mm 이상일 때는 반드시 아보를 사용해야 한다. 아보의 재료는 가볍고 단단한 물질이면 어떤 것이나 가능하다. 코르크나 경질 우레탄으로 만든 것들이 시판되고 있다. 아보는 2-3cm 길이로 잘라 사용하며, 미리 표시한 릴 시트의 위치에 맞추어 간격을 2-3cm로 하여 2-3개를 배열하고, 30분 에폭시로 4-5시간 경화 접착한다. 솜씨가 있는 사람은 나무를 깎아 아보를 만들어 사용하는 경우도 있다.

아보가 브랭크에 단단히 접착되면 30분 에폭시 접착제를 아보의 표면에 도포하고, 릴 시트 상단을 브랭크 직선 축과 일치하게 배열하여 장착한다. 이때 에폭시 접착제는 과량을 사용하여 아보와 아보 사이 공간의 일부에도 에폭시가 채워져 경화되도록 한다. 과량의 접착제는 알코올로 닦아내고 4-5시간 방치하면 릴 시트 장착이 완료된다.

아보의 내부와 외부에 삼각 줄을 사용하여 4-6개의 홈을 파고 브랭크에 장착한 후 릴 시트를 부착하면 보다 감도가 좋은 손잡이가 된다. 이는 실제 시험에서 증명된 방법이다. 아보에 홈을 만들고 접착하면 릴 시트와 브랭크 사이의 에폭시 접착제의 접촉 면적이 늘어나서 릴 시트를 훨씬 견고하게 브랭크에 접착시킨

[아보 홈 만들기]

다. 이보다 더 중요한 것은 브랭크에 생긴 진동(즉 물고기의 움직임 등에 의해 낚싯줄에 전해진 진동)이 아보에 만들어진 홈을 통해 집중되어 전달된다는 사실이다. 이는 마치 태양 빛이 볼록렌즈를 통과하면 집중되는 것과 마찬가지이다. 따라서 훨씬 강력한 신호가 릴 시트에 전달되며, 이는 바로 감도의 증가로 직결된다. 최근에 새로 나온 후지(Fuji) 신형 릴 시트 중에는 홈이 파인 아보 같은 역할을 하는 부분을 릴 시트의 일부로 성형하여 일체화시킨 것도 있다.

완벽한 기능, 좋은 맞춤과 마감을 지닌 아름다운 낚싯대는 결코 우연히 제작되지 않는다. 세밀한 관찰과 열정, 그리고 어떤 수준의 숙련도에 도달하기 위한 연습만이 그것을 가능하게 해준다. 때로는 기능에 의해 부품이 반드시 가져야 할 형태가 이미 정해져 있는 경우도 있다. 이 경우에는 반드시 그 기능의 작동 한계 지역을 설정하고 미리 실제 기능을 시험하여 작동에 이상이 없도록 해야 한다. 쉽게 보여도 아름다운 낚싯대의 윤곽을 만드는 일은 그리 간단한 문제가 아니다. '미적 감각'은 개인의 타고난 자연적 속성이라고 할 수도 있기 때문이다. 그러나 타고난 것은 아니라 할지라도, 적어도 거의 모든 경우 미적 수준을 개선할 수

[센터가 일치해야 한다(왼쪽).]

[접착제 흔적이 보이지 않아야 한다(왼쪽).]

있다. 다른 사람의 작품이나 실제 연습을 통해 세밀히 관찰하면, 미적 수준을 개선할 기회를 얻을 수 있다.

센터가 일치하지 않는다든가 접착의 흔적이 드러나는 것과 같은 것은 사소한 것 같아도 완성한 낚싯대의 미적 수준을 크게 떨어뜨린다. 모든 사람들이 그 가치를 인정해 주는 아름다운 낚싯대는 이러한 사소한 부분들까지 정성 들여 만든 것들이다.

5-4 가이드 배열

브랭크의 직선 축을 찾고 손잡이 부착을 완료했다면, 이제 여러분은 낚싯대의 효율성을 좌우하는 가장 중요한 작업을 앞두고 있다. 바로 가이드의 배열이다. 가이드 배열을 할 때 가이드 차트를 따라하거나 시판하는 낚싯대의 가이드 크기와 배열을 그대로 따라하면 그럭저럭 쓸 만한 낚싯대를 만들 수는 있다. 그러나 고효율의 낚싯대를 만들려고 생각했다면 이런 방법을 사용해서는 안 된다. 이러한 가이드 차트들은 손잡이 길이, 브랭크의 휨새 등을 전혀 고려하지 않고, 로드의 길이만 고려하여 만들어진 것들이기 때문이다. 사용할 만은 하지만, 최적의 가이드 배열과는 거리가 멀다.

지금까지 알려진 최고의 가이드 배열법들을 소개했다. 간결하게 단계별로 기술하여 누구나 시간 낭비 없이 모든 종류의 낚싯대 가이드 배열을 빠른 시간 내에 성공적으로 할 수 있게 해놓았다. 최적의 가이드 배열은 여기 소개된 가이드 배열 방법을 따라하면 된다. 많이 연습하여 경험치가 쌓일수록 보다 더 나아진다는 것도 잊지 말도록 하자. 제대로 된 가이드 배열을 위해 투자한 수고는 향후 오랫동안 낚싯대를 사용할 때마다 보답 받을 수 있을 것이다.

● **가이드 배열의 원리** : 낚싯줄은 유연하게 잘 구부러져서 직선이 아닌 경로도 잘 따라간다. 그러나 최대 거리로 캐스팅하거나 부드럽게 낚싯줄을 감아 들이려 한다면, 낚싯줄의 주행 경로를 직선에 가깝게 유지해야 한다. 낚싯줄의 직선 경로는 사용하는 가이드의 개수를 조정하면 용이하게 만들 수 있다. 그러나 이는 로드 빌딩 용품점에서 규격화하여 판매 공급하는 가이드 세트에 있는 다양한 크기의 가이드들을 모두 다 사용해야 한다는 것을 뜻하지는 않는다. 한 낚싯대에서 크기가 다른 가이드가 3-4종류 이상이면 직선 경로는 형성되지 않는다. 스피닝 대나 캐스팅 대 모두 가이드 크기가 3-4종류보다 많으면, 놀이동산의 롤러코스트 같은 경로가 형성되어 캐스팅할 때 비거리가 감소하고, 로드에 부하가 걸렸을 때 낚싯대에 걸리는 응력(stress)을 잘 분산시켜 주지도 못한다.

다음의 사진들을 보자. 다소간 단순하게 나타낸 일반 가이드 배열도와 직선 경로의 가이드 배열도를 비교해 볼 수 있다. 5종류의 가이드를 사용한 경우 롤러 코스트와 같은 경로가 형성된다. 반면에 4종류의 선택된 크기의 가이드를 사용한 경우에는 직선화한 경로가 형성된다. 실제로 낚싯줄이 버터 가이드를 지나고 나면, 점차적으로 낮아지는 몇 개의 중간 크기의 가이드들은 낚싯줄의 직선 주행에 아무런 도움이 되지 못하고, 무게만 증가시켜 낚싯대 감도 저하의 원인만 제공할 뿐이다. 따라서 2-3개의 가이드들로 직선 일단 경로를 형성하면, 망설이지 말고 재빨리 가장 작은 크기의 가이드(톱 가이드와 크기가 같다)로 옮겨가야 한다.

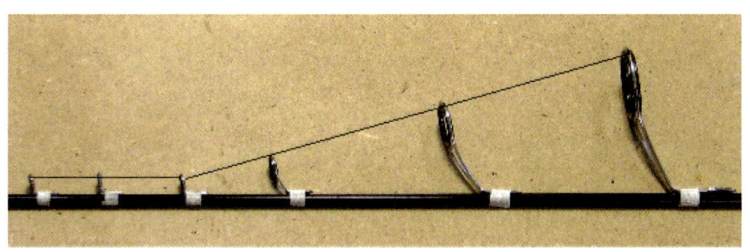

[크기가 4 종류 까지는 직선 경로를 형성할 수 있다.]

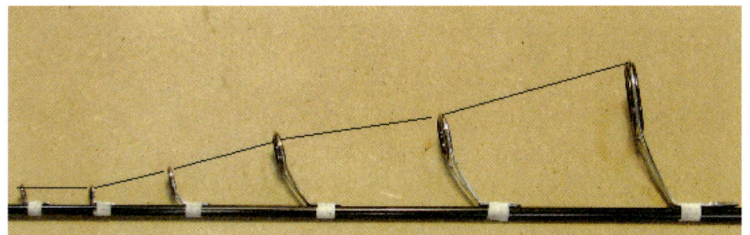

[크기가 4 종류 이상이면 롤러코스트와 같은 경로가 형성된다.]

5-5 스피닝 대 가이드 배열

　스피닝 대의 가이드 배열은 NGC(New Guide Placement Concept) 법에 따라 배열한다. NGC 법은 모든 종류의 스피닝 대에 적용할 수 있으며, 최적의 가이드 크기와 배열을 할 수 있게 한다. NGC 법은 낚싯줄의 주행 경로를 보다 직선에 가깝게 하여 낚싯줄 제어를 쉽게 해주며, 낚싯대의 중간과 초릿대 부분의 무게를 감소시켜 낚싯대의 비거리, 밸런스 및 감도를 획기적으로 개선시켜 준다. 이전의 구식 가이드 배열법은 이제 쓸모가 없다.

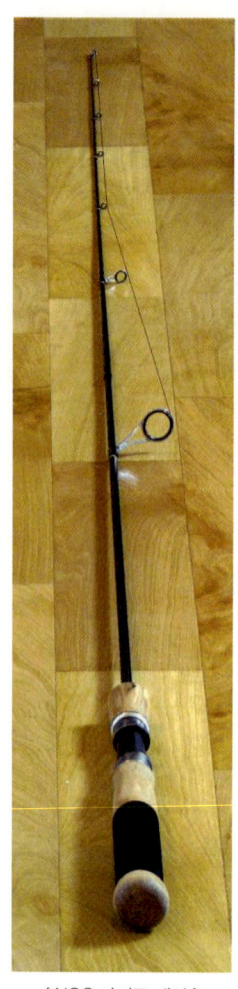

[NGC 가이드 배열]

● **가이드 개수** : 가이드 개수는 브랭크 피트 (feet) 단위의 길이 더하기 1에서 더하기 톱 가이드로 한다. 예를 들어 7피트일 경우, 가이드 개수는 8 더하기 톱 가이드가 된다. 길이에 소수점이 있을 경우 반올림하여 가이드 개수를 정한다. 7과 1/2피트의 경우, 가이드 개수는 9 더하기 톱 가이드가 된다.

● **버터 가이드와 주행 가이드** : 스피닝 릴은 브랭크 하단에 위치하며, 낚싯줄은 낚싯대 방향과 90도 각도로 감겨 있다. 따라서 스피닝 대에서 가이드는 브랭크 하단에 위치하며, 버터 부분에 있는 버터 가이드는 스피닝 릴에서 코일처럼 감겨서 풀려 나오는 낚싯줄을 통과시키며 곧게 펴는 역할을 한다. 초릿대 부분의 가이드는 주행 가이드라고 하는데, 곧게 펴진 낚싯줄이 직선으로 주행할 수 있게 한다.

● **초크 가이드** : 주행 가이드 중 첫 번째 주행 가이드, 즉 낚싯줄의 직선 주행 경로가 시작되는 지점의 가이드를 초크 가이드라고 한다. NGC 법에서 낚싯줄의 직선 경로를 만드는 중심이 되는 중요한 가이드이다.

● **가이드의 크기 및 위치** : 버터 가이드부터 시작해 보자. 릴을 낚싯대에 장착하면, 릴 스풀 중심축은 브랭크와 약 5도의 각도로 경사져 있다. 버터 가이드들의 크기와 위치는 이렇게 경사져 있는 릴 스풀 중심축을 연장하는 직선에 가이드 바깥 테가 닿도록 해야 한다. 가장 큰 버터 가이드의 크기가 결정되면, 다른 버터 가이드들의 크기와 위치가 자동적으로 결정된다. 릴과 가장 가까운 가장 큰 버터 가이드는 링의 크기가 릴 스풀 외경의 1/2이 적당하며, 높이가 높은 YSG(Y Type Single Foot Guide) 형태의 가이드를 사용해야 한다. 1000번 정도의 작은 릴을 사용하는 경우 20번, 2000번 정도의 릴을 사용하는 경우 25번, 3000번 이상의 릴의 경우는 30번을 사용한다. 이렇게 하면 민물 낚싯대의 경우 보통 릴 스풀 전면으로부터 46-56cm의 지점에 위치하며, 대형 스피닝 릴을 사용하는 바다용 무거운 낚싯대의 경우 56-72cm의 지점에 위치한다. 일반적으로 스풀의 직경이 클수록 버터 가이드는 더 멀리 위치한다. 만약 버터 가이드의 위치가 위의 범위를 벗어나면, 프레임 높이가 더 높거나 낮은 가이드를 사용해야 한다.

첫째 주행 가이드인 초크 가이드는 스풀 중심축의 연장 직선과 브랭크가 만나는 지점에 위치시킨다. 나머지 주행 가이드들은 등거리 배열을 한다. 즉 가이드 간의 간격을 모두 같이 한다. 예를 들어, 팁에서 초크 가이드까지의 길이가 60cm이며 5개의 가이드를 사용할 경우, 60cm/5=12cm의 간격을 갖도록 배열한다. 주행 가이드 간의 간격은 보통 10-12cm로, 무거운 바다 낚싯대의 경우 15-17cm의 범위 내에 들도록 한다. 주행 가이드의 크기는 팁 끝에 부착하는 톱 가이드와 같은 크기로 하며, 가능한 한 작은 크기로 한다. 강도 10파운드 이하의 나일론 모노 필라멘트의 낚싯줄을 사용할 경우 사이즈 4-5를, 10-14파운드 모노 필라멘트 낚싯줄의 경우 5.5를, 헤비 로드에서 사용하는 15파운드 이상의 모노 필라멘트 낚싯줄은 사이즈 6-8의 가이드 사용을 권장한다. 바다용 헤비 로드에서 쇼크 리더를 사용할 경우, 쇼크 리드의 매듭이 무리 없이 빠져나갈 수 있는 12-16 크기의 주행 가이드를 캐스팅 시험을 하여 선택한다.

소형 릴을 사용하는 가벼운 낚싯대의 경우에는, 릴과 초크 가이드 사이의 버터 가이드가 2개 정도 필요하다. 또 중형 릴을 사용하는 경우에는 2-3개 정도가 필요하다. 아주 무겁고 긴 로드의 경우에 4개까지 사용할 수 있으며, 4개를 초과하는 경우는 없다. 릴이 아무리 작고 낚싯대가 아무리 가벼워도, 버터 가이드 수는 2개보다 적게 되지는 않는다. 주행 가이드 선택은 가능한 한 작고 낮고 가벼운 것으로 한다. 낚싯대가 길어지면 길어진 만큼 주행 가이드의 수를 늘린다. 이렇게 하면 초릿대 부분이 가벼워져서 마치 회초리처럼 가볍게 빨리 반응한다.

[프레임에 따라 높이가 다르다]

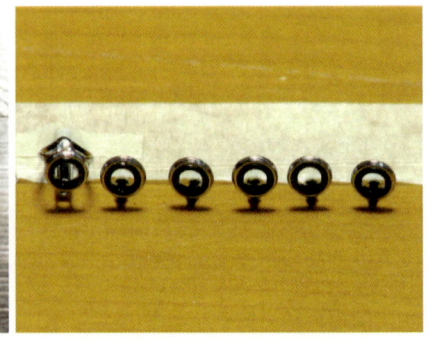
[주행가이드는 톱 가이드와 구경이 같다.]

● **스피닝 가이드 배열의 실제** : 아래에 실제 가이드 배열의 예를 사진과 함께 순서에 따라 명시했다. 따라해 보면 그리 어렵지 않다는 것을 알 수 있다.

1. 손잡이가 부착된 브랭크에 사용하고자 하는 릴을 장착한다.
2. 릴에서 스풀을 분리하여 스풀 회전축을 밖으로 노출시키고, 긴 직선이 있는 바닥의 직선과 릴의 스풀 회전축이 일치되게 브랭크를 위치시킨다. 이렇게 하면 스풀 회전축은 바닥의 직선과 브랭크와 약 4-5도의 각도를 이루며 접근하다가 브랭크가 만나는 교차점이 나타나게 된다. 이 교차점까지 버터 가이드부터 브랭크에 배열한다.

[NGC 가이드 배열 1]

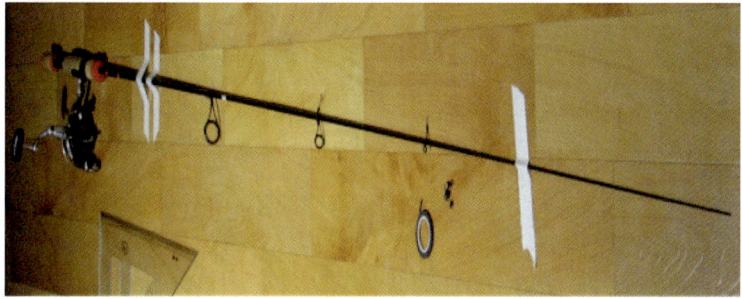

[NGC 가이드 배열 2]

3. 가이드의 배열은 가이드 링의 바깥 테두리가 바닥의 선과 접촉하는 크기의 Y형 가이드를 선택하여(가이드의 크기가 여기서 정확히 결정된다) 2개 배열한다. 마지막 가이드는 톱 가이드와 가이드 링 크기가 같은 L형의 것으로 배열하는데, 이 가이드가 초크 가이드이다. 그림에서 버트로부터 셋째 가이드이다. 그 다음 초릿대 부분에 배열하는 가이드들은 L형으로 높이가 같고, 톱 가이드와 같은 링 크기를 가지며, 등거리 가이드 배열을 한다.

5-6 등각 가이드 배열

 등거리 가이드 배열보다 전문적이며 우수한 가이드 배열법도 있는데, 브랭크의 실제 휨세에 따라 일정 각도로 분할하여 가이드 배열을 하는 등각 가이드 배열법이 그것이다. 등각 가이드 배열법은 팁에서 버터 부분으로 갈수록 굵어져서 강도가 커지는 브랭크의 특성에 따라 가이드 간 간격이 넓어지는, 물리적으로 타당성 있는 배경을 가지고 있다. 스피닝 대 주행 가이드 배열을 이 등각 가이드 배열법에 다라 배열할 수도 있다. 그러나 상단 가이드 배열을 하는 캐스팅 대나 유연성이 너무 좋아 거의 180도까지 휘어지는 유리 섬유 브랭크에는 적용할 수 없다.

● 등각 가이드 배열의 원리 : 탄소 섬유 브랭크의 가느다란 초릿대 부분을 휘어 보면, 그림에서 보여주는 것과 같이 중심점이 A이며 반지름이 R인 원의 원주 부분과 잘 일치하며, 버터 부분으로 갈수록 원의 원주에서 벗어난다. 등각 가이드 배열법은 이러한 원의 중심점 A를 등각점으

로 하여, 가이드와 가이드 간 간격이 똑같은 각도를 갖도록 가이드를 배열하는 방법이다. 등각 가이드 배열은 등각점 A의 위치 설정을 잘해야 한다. A의 위치가 너무 팁 쪽으로 치우치면 팁 부분의 가이드 간 간격이 너무 촘

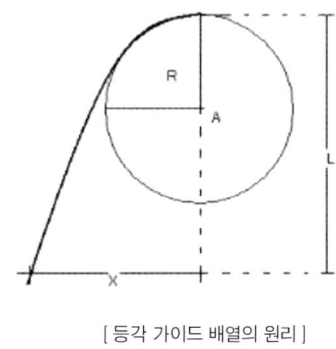

[등각 가이드 배열의 원리]

촘해지고, 버트 쪽으로 치우치면 오히려 팁 쪽의 가이드 간 간격이 버트 쪽보다 넓어진다.

 적절한 등각점의 설정은 배열하고자 하는 마지막 가이드가 위치하는 지점과 팁에서 내린 수직선이 만나는 수평거리 X와 비례 관계에 있다는 사실을 이용하면 어렵지 않게 할 수 있다. 반지름 R이 약 0.6X일 때 최적의 등각 가이드 배열을 할 수 있다.

 등각 가이드 배열을 하면 캐스팅할 때 낚싯줄과 브랭크의 곡률이 일치하여 마찰이 적어지며, 파이팅할 때는 초릿대 전체에 걸쳐 힘을 고르게 분산시키므로 브랭크 파워를 최대한 이용할 수 있게 한다. 또한 버트로 갈수록 가이드 간 간격이 넓어지므로 경우에 따라 초릿대 부분의 가이드를 1-2개 더 감소시켜, 보다 감도가 증가하고 밸런스를 더 용이하게 잡을 수 있어서 더욱 효율적인 낚싯대를 만들 수 있다.

● **등각 가이드 배열의 실제** : 등각 가이드 배열의 실제를 순서적으로 나타냈다. 각도기와 큰 삼각자만 있으면 손쉽게 할 수 있다.

1. 손잡이가 부착된 낚싯대에 톱 가이드를 5분 에폭시 접착제를 사용하여 부착

한다.

2. 수직면이 있는 평면에 브랭크 휨세의 본을 뜰 수 있는 있는 백지나 화이트보드 등을 준비하여 잘 고정하고 브랭크의 팁 부분을 수직면에 받친다.

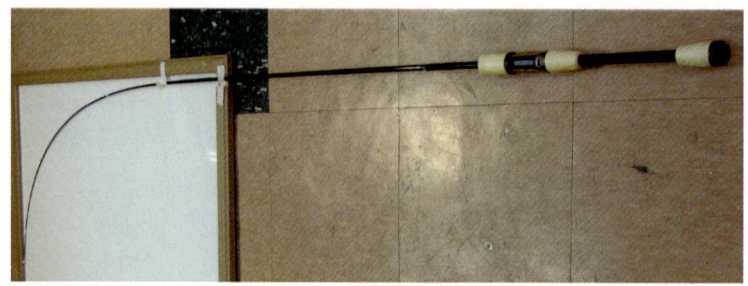

[등각 가이드 배열 1]

3. 손잡이 부분을 서서히 밀어 팁 부분이 버터 부분과 대략 90도의 각도를 이루게 한 다음 마스킹 테이프로 고정하고 펜으로 브랭크 곡선의 본을 뜬다.

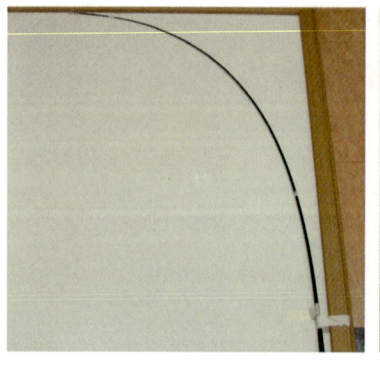 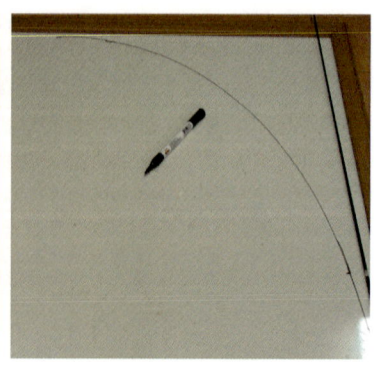

[등각 가이드 배열 2]   [등각 가이드 배열 3]

4. 본을 뜬 브랭크 곡선에 삼각자를 사용하여 팁에서부터 수직으로 내려 직각으로 교차하는 수평 직선을 만든다. 수평 직선 길이를 X라 하고 팁에서부터 내려오는 수직선상에 0.6X를 표시하여 그 점을 등각점으로 한다.

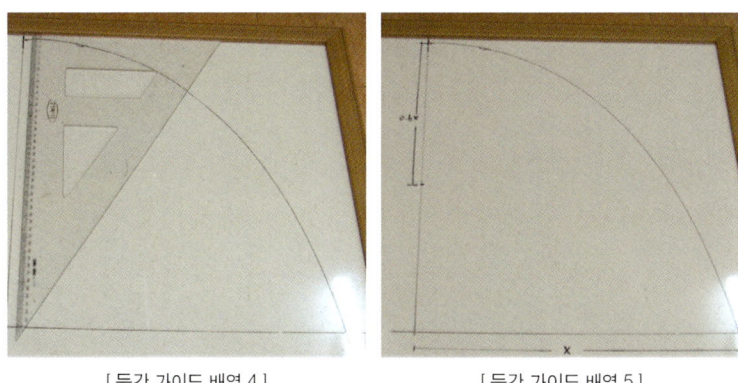

[등각 가이드 배열 4]　　　　[등각 가이드 배열 5]

5. 등각점을 중심으로 팁에서 부착하고자 하는 마지막 가이드 위치까지의 각도를 측정하여, 사용 가이드의 개수로 나눈 값으로 분할하고 표시한다. 등각점에서 분할점에 이르는 직선을 연장하여 브랭크 곡선과 만나는 곳이 바로 가이드 배열 위치가 된다. NGC 가이드 배열을 한 스피닝 대의 경우, 마지막 등각 가이드는 초크 가이드가 된다. 이렇게 결정한 가이드 간의 간격은, 버터 쪽으로 갈수록 간격이 증가하는 전형적인 등각 가이드 배열의 모습을 드러낸다. 만약 팁에서 1번 가이드까지의 간격이 12cm를 초과하면 가이드 수를 하나 더 늘린다.

미국의 모튼(Morton)을 위시하여 몇 개의 등각 가이드 배열 방법이 고안 되었으나, 등각점의 위치를 잡는 방법에 모호한 점이 있어 범위가 한정적이다. 여기 소개한 등각 가이드 배열법은 기하학에 기초하여 브랭크 휨세에 따라 등각점을 쉽고 분명하게 결정할 수 있어서 각종 휨세의 브랭크에 널리 적용할 수 있는 우수한 방법이다.

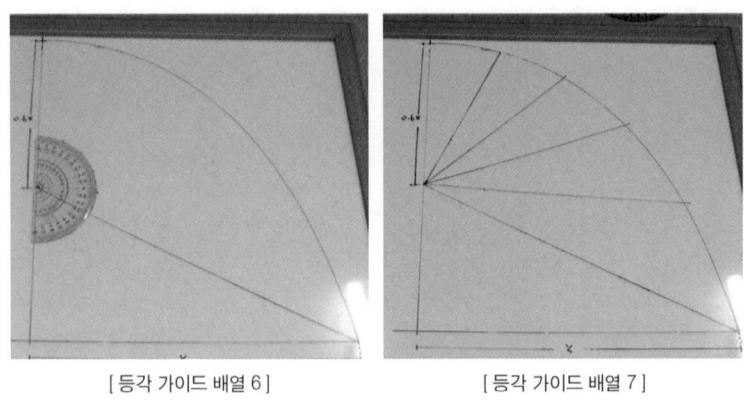

[등각 가이드 배열 6]　　　　[등각 가이드 배열 7]

5-7 캐스팅 대 가이드 배열

캐스팅 대의 가이드 배열은 가능한 한 직선 경로를 유지하고, 초릿대 부분에는 작고 가벼운 가이드를 사용하는 가이드 배열의 원리를 잘 지키면 된다. 가이드 배열은 3단계 가이드 배열 방법으로 한다.

● **점진적 휨세 및 3단계 가이드 배열** : 가이드의 배열은 3단계를 거쳐 시행해야 한다. 3단계를 거쳐서 해야 하는 이유는, 모든 브랭크는 점진적 휨세 변화를 갖기 때문이다. 즉 브랭크는 부하가 걸려서 부하가 커짐에 따라 점진적으로 버터 쪽까지 휘어진다. 한 시점에서 브랭크 전체가 모두 휜다든가, 어떤 하중의 부하에서 갑자기 휜다든가 하는 일은 일어

나지 않는다. 따라서 하나의 하중 부하에 의한 브랭크 굽힘 상태에서는 브랭크 상의 모든 가이드들의 적절한 위치를 결정할 수 없다.

 예를 들어, 브랭크에 무거운 하중의 부하를 걸어 브랭크를 최대 굽힘 상태로 만들면, 초릿대 부분은 똑바로 펴져서 굽힘이 거의 없는 상태가 되어 버린다. 이런 상태에서 가이드 배열을 하면, 초릿대 부분에서 가이드의 배열 간격이 너무 넓어진다. 마찬가지로, 부하를 너무 가볍게 하면 중앙과 버터 부분의 굽힘이 없어서, 이번에는 중앙과 버터 부분에 올바른 가이드 배열을 할 수 없다.

 올바른 가이드 배열의 열쇠는 가벼운 것에서부터 무거운 하중의 부하에 이르기까지 모든 상태의 브랭크 굽힘을 연출하는 데 있다. 3단계 방법은 브랭크에 대한 부하의 하중 단계에 따라 가이드 위치를 조정하여 배열할 수 있는 가장 좋은 방법이다.

● **가이드 개수** : 스피닝 대와 같이 브랭크의 피트 단위 길이 더하기 1이다. 톱 가이드는 이 계산에 포함되어 있지 않으며, 나중에 더해 주면 된다.

● **가이드 크기** : 캐스팅릴은 브랭크의 상단에 위치해 있으며, 낚싯줄은 브랭크를 따라 똑바로 풀려 나간다. 캐스팅 대에서 버터 가이드의 위치를 잡을 때 주의해야 할 점은 낚싯대에 최대 부하가 걸렸을 때 낚싯줄이 브랭크나 앞 손잡이와 접촉하지 않아야 한다는 것이다. 가이드를 릴에 더 가깝게 위치시키는 것이 한 방법이 될 수 있으나, 그보다는 보다 큰 구경의 가이드를 사용하거나 프레임이 보다 높은 가이드를 사용하는

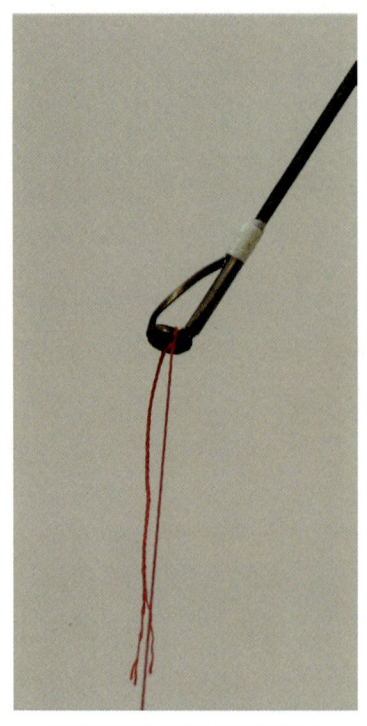

[별도의 줄로 하중을 걸어야 한다.]

것이 좋다. 일반적으로 대부분의 민물 캐스팅 대에서 버터 가이드는 릴 전면으로부터 46-52cm 떨어진 곳에 위치시키면 된다. 그리고 바다용 캐스팅 대는 릴이 크므로 52-66cm 떨어진 곳에 위치시키면 된다. 어떤 경우든, 사용하고자 하는 릴을 먼저 장착하고, 위의 조건에 맞추어 버터 가이드를 위치시킨다. 버터 가이드는 2개 정도만 사용하면 되며, 그 이상 사용할 필요가 없다. 일반 배스 대의 경우 12번과 10번 정도의 양발 가이드면 충분하다. 주행 가이드의 크기는 5-8번의 L 형태의 외발 가이드를 사용하며, 낚싯줄의 강도에 비례하여 가이드 번호도 커진다. 일반 배스 대의 경우 5-6번 정도면 충분하다.

● **캐스팅 가이드 배열의 실제** : 가이드 개수와 크기가 결정되면, 3단계 가이드 배열법을 적용하여 가이드의 위치를 결정해 보자.

1. 브랭크 직선 축을 따라 손잡이가 부착된 낚싯대에 톱 가이드 링을 상단으로 정렬하여 5분 에폭시 접착제로 고정한다.
2. 다음에는 톱 가이드와 약 10-11cm 간격을 두고 1번 가이드를, 릴 스풀 전면

으로부터 대략 46-51cm 떨어진 지점에 버터 가이드를 마스킹 테이프로 임시 부착한다. 이때 릴의 크기가 작은 경우에는 46-48cm, 조금 큰 경우에는 49-51cm의 위치로 한다. 톱 가이드, 1번 가이드, 버터 가이드의 위치는 이 위치로 고정된다. 나머지 가이드들도 간격을 대략 같이하여 마스킹 테이프로 임시 부착한다.

3. 릴을 장착한 낚싯대의 버터 부분을 고정하여 수평으로부터 25-40도 경사지게 세우고, 릴에서 낚싯줄을 풀어 임시 고정한 가이드를 모두 통과시켜서 톱 가이드 링에 묶어 고정한다. 이때 릴의 드랙을 풀어 임시 고정한 가이드에 장력이 거의 걸리지 않게 해야 한다. 하중 부하는 약 2L 용량의 물을 채워 무게를 변화시킬 수 있는 물병 같은 것이 좋으며, 별도의 낚싯줄을 사용하여 톱 가이드 링에 단단히 묶어서 매단다. 강조하고 싶은 것은, 반드시 별도의 낚싯줄을 사용해야 한다는 점이다. 가이드를 통과한 원 낚싯줄에 하중 부하를 걸면, 임시 고정한 가이드들이 하중을 견디지 못한다.

4. **1단계** : 물병에 약 100-200ml의 물을 채워 브랭크의 1/3 정도가 자연스럽게 휘게 하고, 브랭크의 휜 부분에 있는, 처음에 몇 개 임시 고정한 가이드 배열 위치를 수정하여, 릴에서 빠져나온 낚싯줄 경로가 브랭크의 휨세 곡선과 같이 되도록 한다. 이때 낚싯줄이 브랭크에 닿지 않도록 주의해야 한다. 처음에 적정 가이드 수를 결정했으므로, 가이드 수를 추가하거나 감소시킬 필요는 없다. 이 부분에서 가이드의 위치를 버터 쪽으로 옮겨 수정하는 일은 드물고, 대개는 팁 쪽으로 위치를 조금씩 옮겨 수정한다. 다만 1번 가이드의 위치는 고정 위치이므로 옮기면 안 된다. 또한 낚싯줄과 낚싯대 곡선과의 관계를 주의해서 살펴보아야 한다. 낚싯줄의 경로가 낚싯대 휨세 곡선과 가능한 한 같아야 하며, 낚싯줄이 브랭크 상단에 접촉해서는 안 된다.

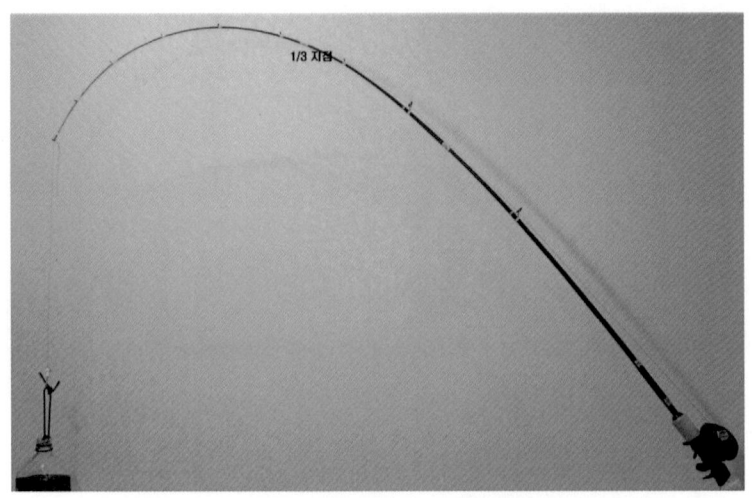

[1 단계: 약 100 - 200 ml의 물을 채워 브랭크의 1/3 을 휘게 한다.]

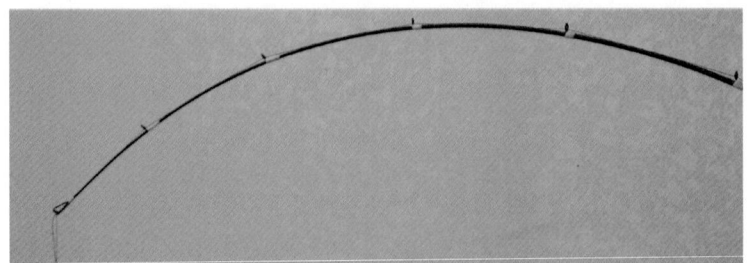

[낚싯대 휨세 곡선과 같아야 한다.]

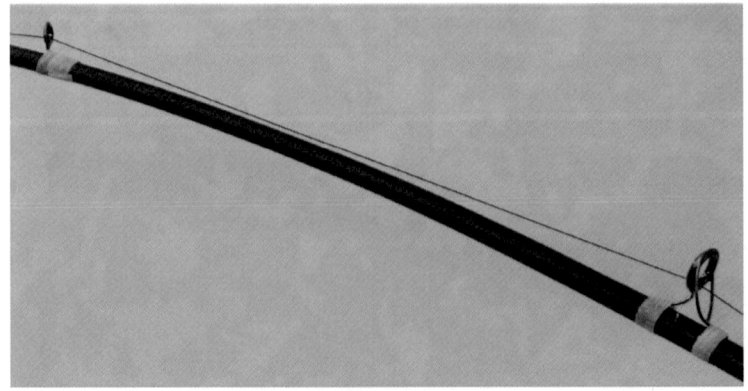

[브랭크 상단에 접촉하지 않아야 한다.]

5. **2단계** : 300-500ml의 물을 채워 하중 부하를 증가시켜서 브랭크를 중앙 부분까지 휘게 한다. 앞과 같이 가이드 위치를 수정하여, 브랭크 중앙까지 가이드의 위치를 결정한다.

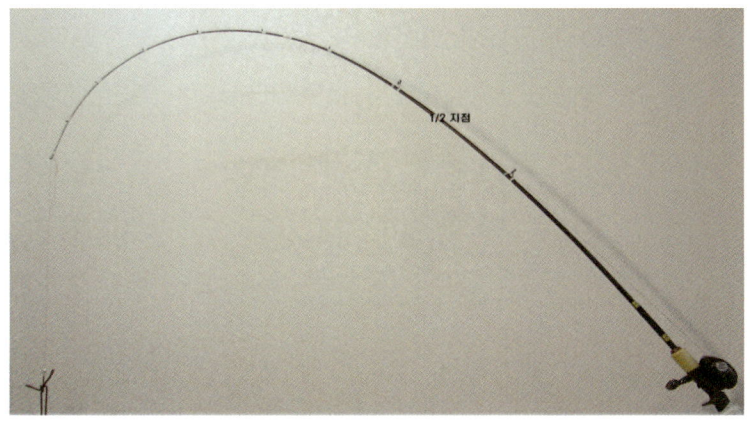

[2 단계: 약 400 - 500 ml의 물을 채워 브랭크의 1/2 을 휘게 한다.]

6. **3단계** : 800-1400ml로 부하의 하중을 더 증가시켜, 버터 부분까지 휘게 해서 가이드 위치를 수정한다. 너무 많은 하중의 부하를 걸어 릴 시트 부분까지 휘게 할 필요는 없다. 단지 버터 가이드가 위치한 부분이 부드럽게 휠 정도면 되며, 이 정도면 낚싯대의 최대 부하 량에 도달했다고 할 수 있다.

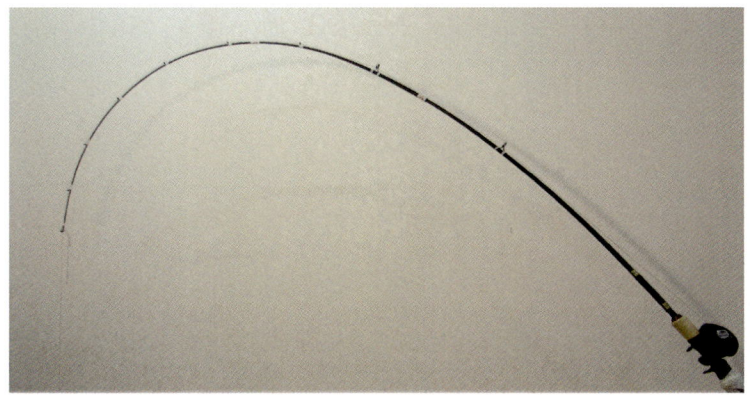

[3 단계: 약 800 - 1400 ml의 물을 채워 브랭크가 전체적으로 휘게 한다.]

5. 로드 빌딩의 실제

이제 다 됐다! 낚싯대를 다시 한 번 3단계로 휘어 한 번 더 확인하고 가이드 배열을 끝낸다.

◉ **나선 가이드 배열로 하려면** : 가이드 배열이 제대로 되었다면, 큰 어려움 없이 1-2분 내에 스피닝 대와 같이 주행 가이드 및 톱 가이드가 브랭크 하단에 위치하는 나선 가이드 배열로 바꿀 수 있다.

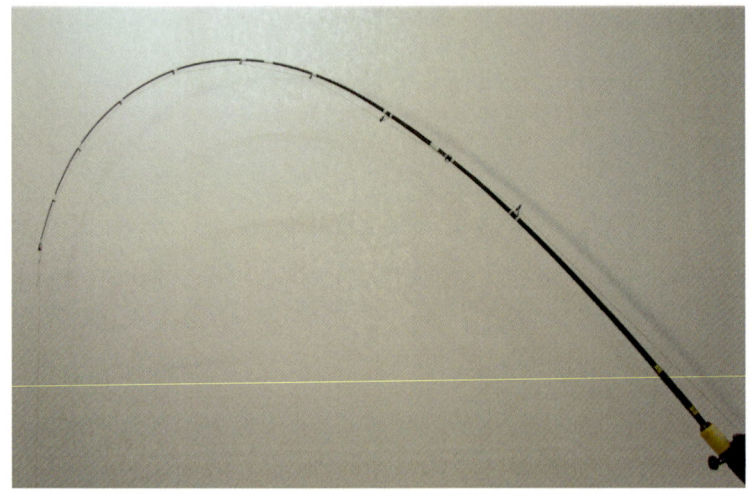

[나선 가이드 배열]

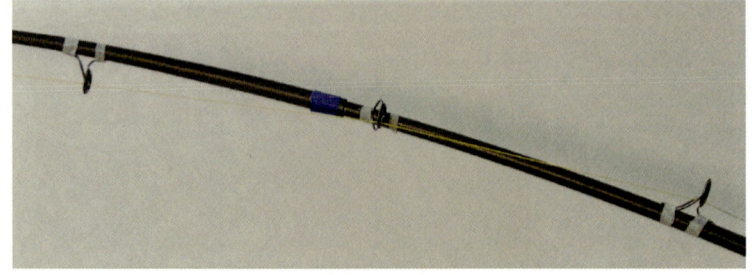

[정중앙 90 도 위치에 범퍼 가이드를 부착한다.]

1. 배열한 가이드 위치를 그대로 유지한다.

2. 제일 큰 버터 가이드를 제외한 나머지 가이드들을 180도 돌려 브랭크 하단으로 가게 한다. 이때 가이드의 위치는 바꾸면 안 된다.

3. 2개의 버터 가이드 사이의 정중앙에 2번째 버터 가이드와 같은 크기의 가이드 한 개를 90도 방향으로 배열한다. 이 가이드는 낚싯줄이 하단으로 돌아갈 때, 낚싯줄이 브랭크와 접촉하지 않게 하는 역할을 하며, 완충 가이드(bumper guide)라고 한다.

완충 가이드는 왼쪽이나 오른쪽, 어느 쪽에 부착해도 된다. 어느 쪽에 부착하든 기능에는 아무런 차이가 없지만, 릴 핸들이 있는 측면에 완충 가이드를 부착하면 낚싯대를 바닥에 놓았을 때 완충 가이드를 보호할 수 있다. 이제 버터 가이드를 제외한 모든 가이드들은 브랭크 하단에 위치하여 스피닝 대와 같은 안정된 낚싯대가 되어서, 물고기와 파이팅할 때 낚싯대가 비틀리거나 손에서 돌아가지 않는다. 캐스팅 거리에도 별 영향이 없으며 사용하기 편한 낚싯대가 된다. 나선 가이드 배열을 하면 톱 가이드와 주행 가이드들이 스피닝 대와 같이 브랭크 하단에 배열되므로, 주행 가이드 배열을 등각 가이드 배열법에 따라 할 수도 있다.

5-8 가이드 래핑 및 부착

손잡이를 부착하고 가이드 배열을 끝냈으면, 이제 배열한 가이드를 래핑하여 단단히 브랭크에 부착시켜야 한다. 이 가이드 부착 작업은 다른 어떤 것보다 로드 빌딩을 대표하는 작업으로서 고도의 집중력을 필요

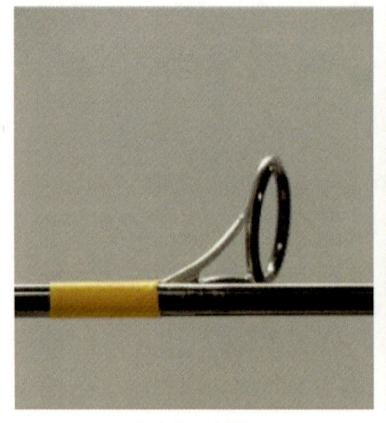 

[가이드 부착]　　　　　　　　　　[가이드 가공]

로 한다. 그러나 어렵지는 않다. 아름다운 색깔의 래핑 사를 사용하여 가이드를 부착하는 작업은 약간의 도움과 몇 번의 연습을 하고 나면 거의 대부분의 사람들이 능숙하게 할 수 있는 매우 재미있는 작업이다. 이제 이 가이드 부착 작업에 대해 순서적으로 알아보도록 하자.

　●**가이드 가공** : 가이드를 래핑하여 부착하기 위해서는 약간의 가이드 가공이 필요하다. 새 가이드를 구입하면 보통 가이드 발 가장자리가 가공되지 않은 뭉툭한 상태로 공급된다. 그러므로 가이드 발 가장자리를 가공하여, 래핑 실이 가이드 발을 잘 올라탈 수 있도록 경사지고 매끄러운 면을 갖게 해야 한다(칼날처럼 해서는 안 된다).

　가이드 발 가장자리는 평면 줄을 사용하여 가공한다. 그라인더를 사용하면 쉽게 할 수 있으나, 노련한 경험자가 아니라면 권하고 싶지 않다. 그라인더 가공을 한 가이드 발은 가공 면이 거칠어서, 래핑 실을 끊어 버리거나 래핑 실의 강도를 약화시킬 수 있다. 평면 줄로 가이드 발을 가공할 때는 바이스(vice)나 끝이 뾰족한 그립 렌치(grip wrench) 등을 사용하여 가이드 발을 평면에 잘 고정시키고 한 방향으로 밀어 가공한다. 가공한 가이드 발 가장자리에 홈이 있거나 칼날처럼 너무 날카롭게 날이 섰다고 생각되면, 사포로 다듬어서 홈과 날카로운 날을 없애 준다. 가공 후에는 쇳가루를 잘 제거해 주어야 한다.

가공이 끝난 가이드는 부착 자리가 표시된 브랭크 표면 위에 올려 가이드의 발을 잘 살펴보고, 들뜨는 부분이 있으면 펜치와 원형 파일을 이용해서 들뜨는 부분 없이 끝이 브랭크와 완전히 일치하도록 잘 정렬해야 한다. 가이드 발이 들뜬 채로 브랭크에 부착되면, 이 부분의 브랭크가 스트레스를 받아 나중에 브랭크 파손의 원인이 된다.

 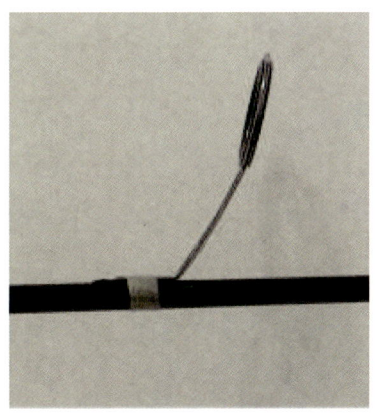

[끝 부분을 경사지게 한다.]　　　　[가이드 발이 들뜨지 않아야 한다.]

● **래핑의 실제** : 가이드 가공이 완료되면, 이젠 래핑을 하여 가이드를 브랭크에 부착하는 작업이 남아 있다. 래핑은 실제로 따라 해보면 그리 어렵지 않다. 천천히 시간을 가지고 아래에 소개한 순서에 따라 조심스

럽게 따라 해보면 생각보다 쉽게 가이드 래핑 작업을 끝낼 수 있다.

준비 작업

1. 세척용 알코올을 종이 타월이나 부드러운 천에 적셔서 가이드 부착 지점을 깨끗이 닦아낸다.
2. 가공이 끝난 가이드들을 1-2cm의 길이로 폭을 좁게 잘라낸 마스킹 테이프로 정해진 위치에 가부착하고, 래핑 기 지지대에 수평을 잘 맞추어 올려놓는다.
3. 준비된 색상의 래핑 사가 감긴 실패를 실패꽂이에 꽂고(혹은 실패가 도망가지 못하게 턱이 높은 그릇에 넣고), 실을 라인 텐션 기(혹은 두꺼운 책 사이)를 통과시켜 약한 장력을 받으며 실이 자연스럽게 풀려 나올 수 있도록 한다. 어떤 경우라도 브랭크가 휠 정도의 장력을 주어서는 안 된다. 래핑 작업 실패의 가장 큰 원인은 과도한 장력을 주는 것이다.
4. 가이드 부착은 톱 가이드부터 시작하여 1번, 2번…, 버터 가이드의 순서로 한다. 가이드 래핑을 할 때 가이드들이 톱 가이드와 일직선상에 잘 정렬되어 있는지 자주 확인하는 것을 게을리해서는 안 된다. 브랭크를 가이드 부착 면으로부터 180도 회전하여 한쪽 눈을 가리고 보면 쉽게 가이드의 직선 정렬 상태를 확인할 수 있다.

가이드 래핑의 실제

1. 래핑 사를 약 10cm 정도 풀어 래핑 시작 지점의 브랭크에 감아 X 형태로 래핑 진행 방향으로 교차시킨 다음, 실 끝을 마스킹 테이프로 고정시킨다.

2. 래핑하고자 하는 실을 손으로 조금 당겨서 실에 장력이 걸리지 않게 하여, 브랭크를 회전시켜 4-5회 브랭크에 고정된 래핑 사 위로 교차시켜 감고 탄탄하게 정리해 준다.

3. 2에서 감은 실이 풀리지 않게 잘 정리하고, 1에서 고정한 불필요한 실은 가위로 잘라낸다.

4. 계속 래핑하여 가이드가 고정되면, 가이드를 가부착할 때 사용한 마스킹 테이프를 떼어낸다.

5. 래핑이 끝나는 지점에서 약 5mm 정도 남겨 놓은 상태에서 약 10cm 정도의 여분의 실로 고리를 만들어 붙이고 가이드 목까지 래핑한다.

6. 래핑 부위 끝을 손으로 눌러 실이 풀리지 않게 유지하면서 래핑 사를 고리에 통과시킨다.

7. 고리를 통과한 래핑 사 실 끝을 잡아 팽팽히 유지하면서 고리를 약하게 잡아 당겨 실을 고정하고, 여분의 실을 커터 날로 약 1mm의 끝을 남겨 두고 자른다. 이때 너무 바싹 자르면 공들여 래핑한 실을 잘라 버릴 수 있으므로 조심해야 한다.

8. 고리를 세게 당겨 래핑 사 실 끝이 래핑 부위 안쪽으로 감추어지게 하여 마무리한다. 마무리 부위의 실 끝이 밖으로 나오면 나중에 마무리 에폭시 작업 때 문제가 되므로, 커트 날로 자르거나 약한 라이터 불로 지져 없앤다.

9. 래핑이 완료되면 매끄러운 플라스틱 등으로 래핑 부위 표면을 문질러 잘 정리해 준다.

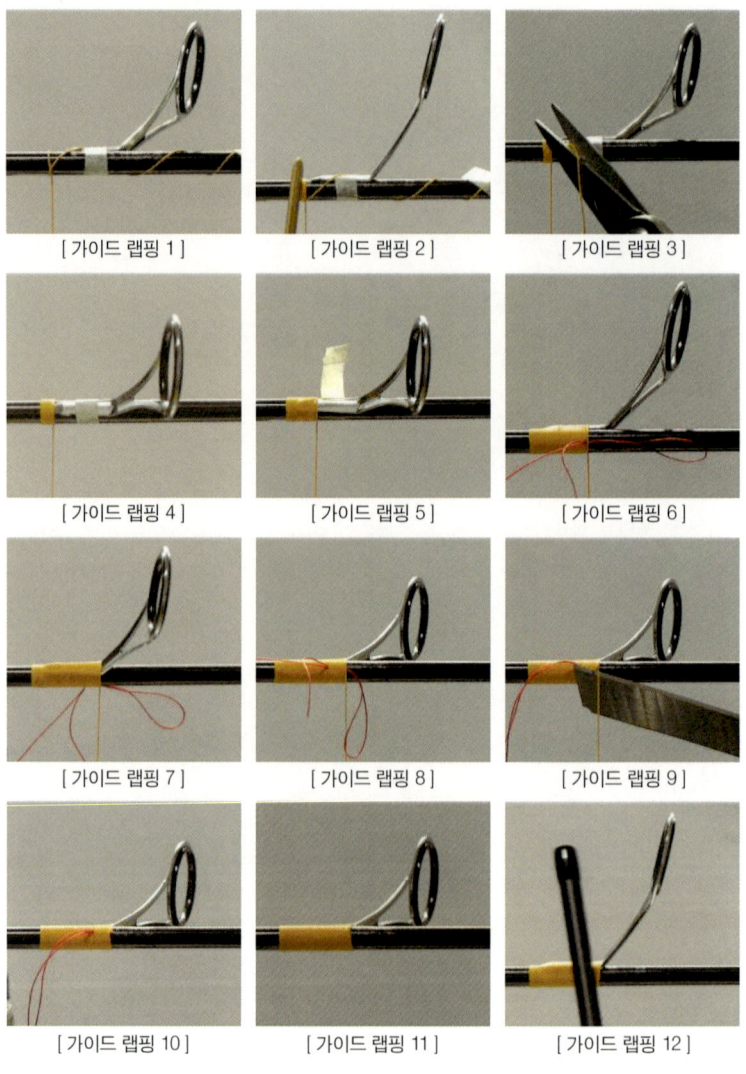

[가이드 랩핑 1]   [가이드 랩핑 2]   [가이드 랩핑 3]
[가이드 랩핑 4]   [가이드 랩핑 5]   [가이드 랩핑 6]
[가이드 랩핑 7]   [가이드 랩핑 8]   [가이드 랩핑 9]
[가이드 랩핑 10]   [가이드 랩핑 11]   [가이드 랩핑 12]

　모든 가이드를 다 부착시킨 후 다시 한 번 가이드의 직선 정렬 상태를 확인하고, 필요하면 손으로 조금씩 위치 수정을 한다. 이제 제법 낚싯대의 모양을 갖추었으며, 에폭시 마감 작업만 남겨 놓았다.

래핑 순서 요약

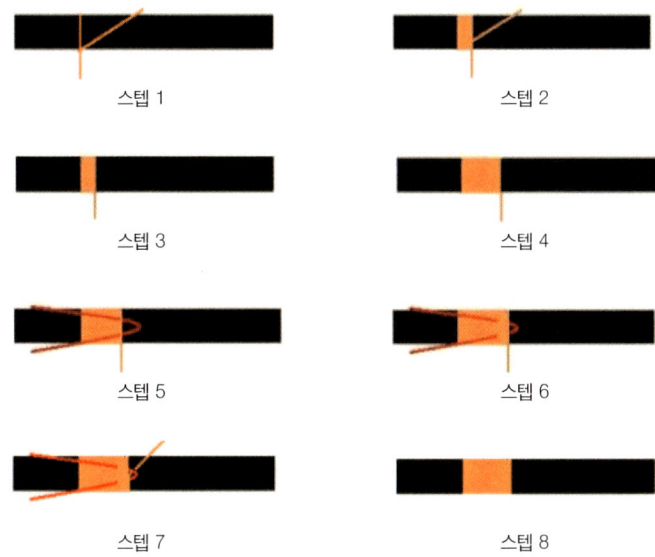

5-9 에폭시 마감

래핑을 완료하면 에폭시 마감제를 사용하여 보기 좋게 마감 작업을 해야 한다. 제법 경험이 있는 빌더들도 이 마감 작업을 할 때는 대단히 조심스럽게 한다. 마감 작업은 사소한 실수도 바로 드러나므로 낚싯대의 완성도에 치명적인 결점이 될 수 있기 때문이다. 마감 작업에 사용하는 2액 에폭시 마감제는 내구성이 좋고 강인하며 유연성이 있어 낚싯대의 마감제로 이상적이라고 할 수 있다. 그러나 다루기에 다소 까다로운 성질이 있으므로 마감제의 기본적 성질을 잘 이해하고 올바르게 사용해야 한다. 아래를 잘 읽어 보고 마감을 실수 없이 하도록 하자.

● **색상 보호제** : 에폭시 마감제를 래핑 사에 직접적으로 사용해도 큰 문제는 없으나, 밝은 색상의 래핑 사의 경우에는 색상이 어두워지고 마감의 투명도가 떨어지는 문제가 발생한다. 따라서 래핑 사 본래의 색상을 유지하고 보다 투명한 마감을 위해서는 아크릴계의 색상 보호제를 사용해야

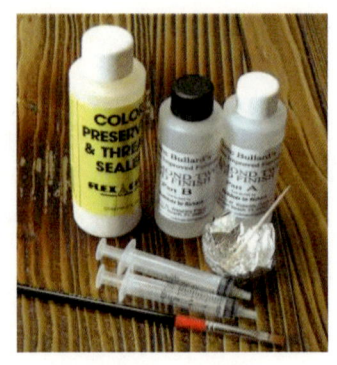

[에폭시 마감 준비물]

한다. 사용법은 제조 회사에 따라 조금씩 다르므로 설명서를 잘 읽어 보고 사용하도록 하자.

일반적인 색상 보호제를 사용할 때는 래핑 사가 색상 보호제에 젖어 전체적으로 고르게 어두운 색상을 나타내도록 한 다음, 과량의 보호제는 종이 타월이나 부드러운 천에 알코올을 적셔서 닦아내고, 4-5시간 방치하여 완전히 건조한 다음 에폭시 마감을 한다. 색상 보호제를 사용하면 래핑 사와 염료를 자외선으로부터 보호해 주는 기능도 같이 한다. 그러므로 래핑 사의 색상과 강도의 변화 없이 낚싯대를 사용할 수 있다.

● **에폭시 마감제** : 잘 알려진 제조 회사에서 시판하는 에폭시 마감제는 어떤 것을 사용해도 무방하다. 어떤 이유에서든 주제와 경화제의 혼합 비율이 맞지 않으면 경화가 되지 않는다. 경화 실패의 대부분은 소비자의 사용상 부주의에 의한 것이다. 설명서를 잘 읽어 보고 혼합 비율을 정확히 맞추어 사용해야 한다.

에폭시 마감제 제조 회사는 대부분 저점도의 일반형과 고점도의 하이

빌드 형 두 가지를 생산, 시판한다. 일반적으로 저점도의 일반형 마감제는 2-3회 도포하여 마감하며, 재 도포는 7-36시간 내에 하면 된다. 일반형의 경화 시간은 약 24시간이다. 고점도의 하이빌드 형은 보통 1-2회 도포하여 마감하며, 경화 시간은 약 12시간이다. 재 도포는 5-24시간 내에 한다. 어떤 것을 사용하든 마감 부분은 경화 후 하루 정도 더 방치한 후에나 손으로 만질 수 있다. 그전에 만지면 공들여 완성한 유리처럼 투명하고 맑은 상태의 에폭시 마감 부분에 지문이 묻거나 흠집이 나서 낭패를 보는 수가 있으니 조심해야 한다. 내부까지 완전히 경화하려면 약 1주일 정도 소요되므로, 완성된 낚싯대는 1주일 정도 경과된 후 필드 테스트를 하도록 권장한다.

일반형과 하이빌드 형은 마감 작업의 만족도에서 어떤 하나가 다른 것보다 더 낫다고 할 수 없다. 선택은 전적으로 사용자의 선호도에 의존한다. 다만 초보자의 경우 원하는 결과를 얻을 때까지 여러 번 도포할 수 있는 일반형을 사용했을 때 보다 좋은 결과를 얻는 경우가 많다.

● **혼합** : 에폭시 마감제를 비율에 맞게 취하여 잘 혼합하는 것은 멋진 마감을 위한 가장 중요한 작업이다. 주제와 경화제는 3-5ml 용량의 플라스틱 주사기로 정확한 양을 계량하여 사용한다. 주사기는 반드시 에폭시 전용 주사기를 사용해야 한다. 일반 약국에서 판매하는 플라스틱 주사기 중에는 에폭시에 잘 녹는 실리콘 성분이 포함된 것도 있으므로 주의해야 한다.

주제와 경화제를 합하여 약 3ml 정도면 가이드 래핑 부위 도포에 충분한 양이다. 이보다 적은 양을 취할 경우, 주사기 눈금의 오차 및 우리

눈의 오차에 의해 계량 오차가 커져서 경화에 실패할 수도 있다. 실제로 대부분의 경화 실패의 원인은 너무 소량의 주제와 경화제를 계량하여 사용할 때 일어난다. 단지 한두 개의 가이드 래핑 마감 작업을 할 때도 주제와 경화제를 합하여 최소 3ml 정도를 혼합, 사용할 것을 권장한다.

　경험이 많은 노련한 빌더들 중에는 주제와 경화제의 비율을 방울 수를 헤아려 맞추는 경우도 있다. 이 방법은 생각보다 정확하고 주사기에 묻어 낭비되는 에폭시도 없어서 권장할 만한 방법이다. 목이 길고 입구가 좁은 플라스틱 용기를 사용하면 쉽게 한 방울 씩 떨어뜨릴 수 있다.

　계량한 에폭시 마감제는 플라스틱 용기보다는 알루미늄 포일로 만든 용기에서 가는 철사나 이쑤시개 등으로 기포가 생기지 않게 1분 정도 천천히 저어서 혼합한다. 플라스틱 용기는 열전도도가 좋지 않아 가온이 잘되지 않아서 혼합할 때 생긴 기포 제거가 어렵다. 빠르게 휘저으면 기포가 많이 생겨 마감이 보기 흉하게 될 수도 있으니, 가급적 천천히 젓도록 한다. 마감액은 혼합 초기에는 뿌옇게 흐려졌다가, 혼합이 진행됨에 따라 점차 맑아져서 투명하게 된다. 혼합이 완료된 에폭시 마감제는 약 1분간 전기스탠드 등을 이용하여 약 40-50도의 온도에 방치해서 사용한다. 이렇게 하면 혼합할 때 불가피하게 생성된 소량의 기포도 없앨 수 있다.

● **마감 작업** : 마감 작업은 먼지가 없고 온도 약 20도, 습도 약 50% 정도의 클린룸에서 작업하는 것이 이상적이다. 마감 에폭시 도포에 사용하는 붓은 4호 정도의 끝이 넓은 미술 붓이 좋다.

　가이드 부분 마감 에폭시 도포는 낚싯대를 에폭시 건조기의 지지대

위에 올려 수평을 잘 맞추고 3-18rpm의 저속 모터로 회전시키면서, 모터의 회전 방향과 같은 방향으로 붓으로 도포한다. 이때 래핑 부위의 길이에 따라 좌우로 2-3회 붓질을 하여, 마감제가 전체적으로 균일한 두께가 되도록 한다.

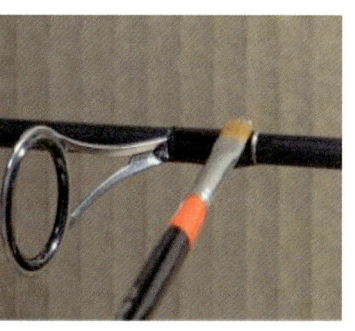

[가이드 랩핑 부위의 마감 작업]

약간 불균일하게 도포된 부분은 모터가 회전하면서 저절로 보기 좋은 타원 형태로 균일해지므로 크게 신경 쓰지 않아도 된다. 주의해야 할 점은, 어느 한 개 가이드의 마감 작업에 너무 많은 시간을 할애하지 말아야 한다는 것이다.

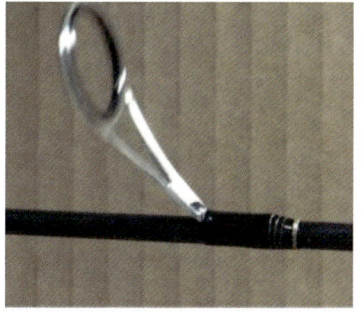

[랩핑 부위 마감]

혼합된 에폭시 마감제는 시간이 경과할수록 점도가 증가하여 작업이 더 어려워지기 때문이다. 가능한 빠른 시간 내에 모든 가이드의 마감 작업을 마쳐야 한다. 과량의 마감제가 가해졌다고 생각되면 회전을 멈추고, 랩핑 부위 하단부에

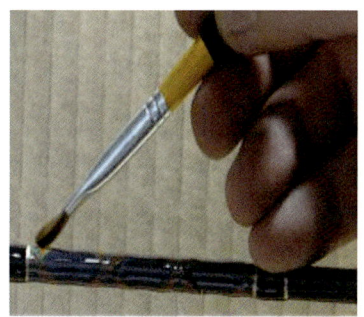

[긴 래핑 부위는 길이에 따라 도포한다.]

붓으로 과량의 마감제를 제거하면 된다. 도포가 부족한 부위가 있다고 생각되면, 그 부분에 이쑤시개 같은 뾰족한 물체로 마감제 한두 방울을

상단으로부터 첨가한다. 경우에 따라 도포 작업을 할 때 기포가 생기는 경우가 있는데, 한두 개 정도는 드라이 모터가 회전하고 시간이 경과하면 저절로 없어지므로 신경 쓰지 않아도 된다. 굳이 기포를 제거하려면 약한 라이터 불이나 알코올램프 불을 사용해서 순간적으로 가온하여 기포를 없앨 수도 있다. 이때는 불꽃이 마감액과 직접 접촉하지 않도록 해야 한다(열이 너무 과하면 새로운 기포를 만들어낼 수 있으므로 주의해야 한다). 그러나 그리 권장할 만한 방법은 아니다.

치장용 래핑과 같이 래핑 부위의 길이가 길 경우에는 회전을 시키지 말고 정지한 상태에서 보다 큰, 6호 정도의 끝이 넓은 미술 붓으로 길이에 따라 마감액을 도포한다. 브랭크를 손으로 돌려가며 빠진 곳이 없도록 모든 래핑 면에 고르게 도포한다.

도포가 끝난 후 정지 상태에서 약 2-3분 정도 방치하면, 상단부는 도포한 마감액이 중력의 법칙에 따라 흘러내리며 저절로 균일하게 수평이 되며, 하단부는 다소간 불균일한 상태가 된다. 이 상태에서 브랭크를 180도 회전하여 다시 2-3분 방치하면, 전체적으로 균일한 도포가 된다. 필요하면 이러한 조작을 3-4회 반복한 다음 드라이 모터를 회전시켜 경화하면, 전체적으로 균일하고 보기 좋은 마감을 할 수 있다. 하단부에 과량의 마감액이 방울져 달려 있으면 정지한 상태에서 붓으로 모두 제거해야 한다. 그대로 회전시키면 방울져 달려 있는 부위는 균일한 상태가 되지 않고, 원심력 때문에 더욱 울퉁불퉁해진다. 항상 약간 부족하다 싶을 정도의 마감액을 도포했을 때 균일하고 유리처럼 반짝이는 아름다운 마감 결과를 얻을 수 있다는 것을 명심하도록 하자.

드라이 모터 없이 수동으로 에폭시 마감을 할 때는, 2개의 V 블록 사

이에 수평을 잘 맞추어 브랭크를 올려놓은 다음 길이에 따라 마감액을 도포한 다. 도포가 끝난

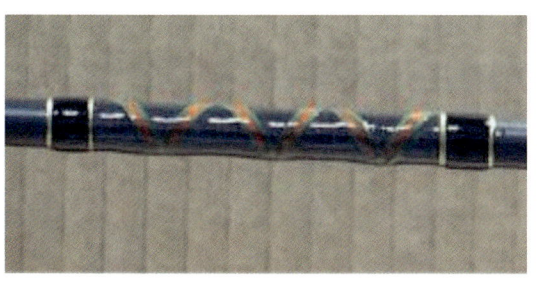

[버터 랩핑 마감]

후 2-3분 경과하면 앞에서처럼 상단부의 마감액은 래핑 부위 표면을 따라 매끈하게 균일한 두께가 되고, 하단부는 불균일한 상태가 된다. 이때 브랭크를 180도 회전시키면 불균일한 하단부가 이번에는 상단부가 되고, 마찬가지로 2-3분 정도 기다리면 점차 균일해진다. 이 과정을 계속 반복해야 한다. 시간이 경과함에 따라 경화가 진행되어 마감액의 점도가 높아지면, 회전하는 시간 간격을 점점 늘려 나간다. 약 5-6시간 계속하면 표면이 어느 정도 경화되어 마감액이 흘러내리지 않으므로 그대로 방치하여 경화시킨다. 무척 지루하므로 TV를 시청하거나 책을 읽어 가면서 하는 것이 좋다.

　어떤 경우든, 경화 후 불균일한 표면이 있으면 800-1000번 사포로 표면을 균일하게 갈아내고 마감 작업을 다시 한 번 해주면 된다. 이 모든 작업이 잘되었다면 유리같이 반짝이는, 아름답게 마감된 멋진 낚싯대가 되어 오랫동안 자태를 뽐내며 당신과 함께할 것이다.

6. 나무 손잡이

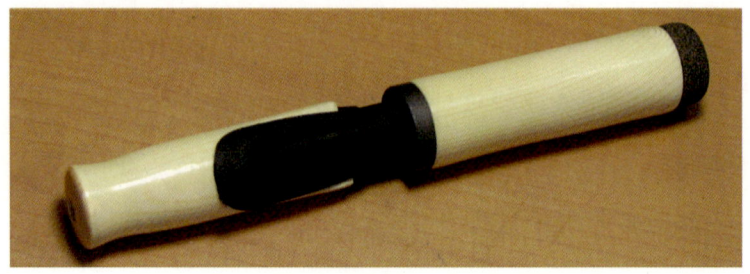

　시판하는 낚싯대는 대부분 코르크나 합성 폼 손잡이로 되어 있다. 그러나 나무 역시 낚싯대 손잡이로 오랫동안 사용되어 왔음을 잊어서는 안 된다.
　나무는 틈이 많고 부스러지는 성질을 가진 코르크나 쉽게 싫증나는 합성 폼보다 조직이 치밀하고 단단하여 힘을 전달하는 능력과 신호감지 능력이 좋은 데다, 내구성과 외관의 아름다움이 뛰어나 고급 수제 낚싯대에는 나무 손잡이를 사용하는 경우가 많다. 그러나 나무는 코르크나 합성 폼보다 무거우며 잘 쪼개지는 특성 때문에 가공이 어렵다는 단점이 있다. 나무 손잡이를 만들 때는 나무의 이런 단점을 감안하여 보다 가볍게 디자인하고 조심스럽게 가공해야 한다.

6-1 디자인

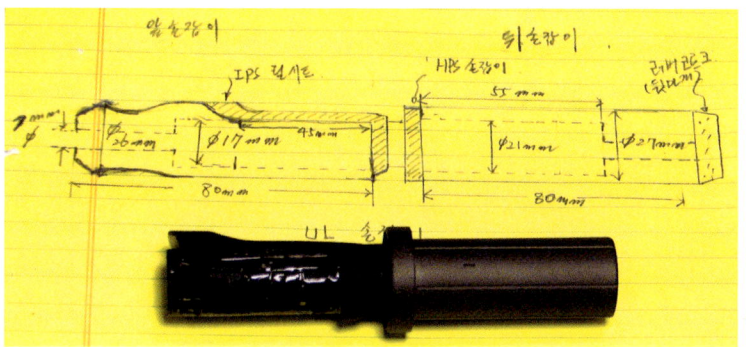

[손잡이 디자인]

위 그림은 나무 손잡이 디자인의 한 예이다. IPS 형태의 릴 시트를 뒤 잠금 형식으로 한 UL 대의 손잡이다. 보다 가볍게 하기 위해 손잡이의 길이를 짧게 하고, 나무 속통을 릴 시트 길이보다 깊이 파인 형태로 디자인했다.

6-2 나무 손잡이 가공

디자인한 나무 손잡이를 단계별로 만들어 보자. 잘 쪼개지는 나무의 특성을 이해하고 생각하면서 따라해 보면 멋진 나무 손잡이를 만들 수 있다.

1. 손잡이 직경보다 약 10mm 더 넓은 각목을 준비하여 손잡이 길이보다 약 10mm 더 길게 자른다. 각목의 중심을 표시하고, 손잡이가 위치할 브랭크 부

분의 직경에 맞게 중심에 드릴을 사용해서 똑바로 관통하여 구멍을 뚫는다. 구멍을 뚫을 때 나무를 잘 고정시키고 무리하게 힘을 주지 않으면 똑바로 잘 뚫린다. 경우에 따라 약간 비뚤어지게 뚫릴 수도 있으나, 정도가 심하지 않으면 나중에 저절로 수정되므로 크게 염려할 필요는 없다.

[나무 손잡이 가공 1]

[나무 손잡이 가공 2]

2. 뚫린 중심 구멍의 상태를 확인하고, 릴 시트의 직경에 맞는 넓은 목공 드릴 날로 교체하여 중심이 일치하게 다시 뚫는다. 이때 구멍의 깊이를 자주 확인하여 릴 시트 삽입에 필요한 깊이보다 20-30mm 더 깊게 뚫는다. 이렇게 하면 손잡이 무게가 가벼워진다.

[나무 손잡이 가공 3]

[나무 손잡이 가공 4]

3. 릴 시트의 직경에 맞게 뚫렸는지 확인하고, 손잡이 외경에 맞추어 파이프 형태로 둥글게 가공한다. 이때 템플릿을 이용해 손잡이 외경보다 약 2mm 넓게 표시 선을 만들어 주면, 너무 과도하게 깎아내는 것을 방지할 수 있다. 이 가공 작업에는 목공 선반을 이용하는 것이 가장 좋으나, 목공 선반이 없으면 표시 선을 따라 끌을 이용하여 대략의 모양을 만든 후, 전기 드릴에 장착하여 80-100번 사포로 가공하면 된다. 이 과정에서 처음에 비뚤어진 중심은 자연스럽게 바로잡힌다.

[나무 손잡이 가공 5]   [나무 손잡이 가공 6]

4. 약 2mm 정도의 직경 여유를 두고 원형 가공을 완료하고, 필요하면 양 말단을 톱으로 잘라 길이를 맞춘다. 80-100번 사포와 300-400번 사포를 이용하여 보다 정교한 형태 가공을 한다.

[나무 손잡이 가공 7]

[나무 손잡이 가공 8]

5. 나무는 물을 흡수하면 변형되므로, 형태 가공이 끝난 나무 손잡이는 반드시 방수 마감 처리를 해야 한다. 여기서는 수성 우레탄에 침지하여 마감했으나, 니스, 각종 오일, 래커 등도 좋은 방수 마감제이다. 마감제가 완전히 경화하면 실리콘 연마제 등을 이용하여 표면을 연마하면 광택이 나서 더욱 보기 좋아진다. 이렇게 방수 마감 처리를 하면 손잡이의 착용감도 좋아지고 손바닥에 물이 묻거나 땀이 나도 나무 손잡이가 미끄러지지 않는다.

[나무 손잡이 가공 9]

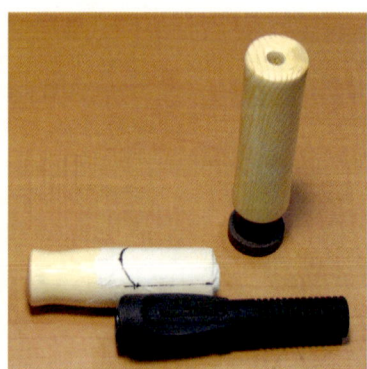
[나무 손잡이 가공 10]

6. 뒤 손잡이는 가공이 완료되었으나, 앞 손잡이의 경우 릴 시트의 굴곡진 부분에 맞추어서 더 가공해야 한다. 낚싯대 나무 손잡이 가공에서 이 부분의 가공이 가장 어렵다. 가공은 마스킹 테이프를 붙여 손잡이 마감 부분을 미리 보호하고, 릴 시트의 굴곡에 맞게 사인펜 등으로 가공할 부분의 표시를 하는 것으로부터 시작한다.

7. 잘 연마한 끌이나 커터 날을 이용하여 미리 표시해둔 가공 선을 따라 조심스럽게 깎아낸다. 이때 표시 선에 너무 맞추어 깎기보다는 약 1mm 정도의 여유를 두고 깎는 것이 좋다.

 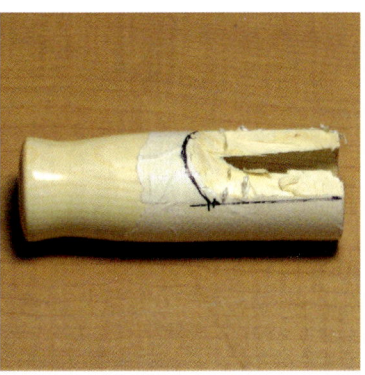

[나무 손잡이 가공 11]   [나무 손잡이 가공 12]

8. 솜씨가 좋은 사람은 커터 날과 사포만 가지고도 가공을 완료할 수 있겠지만, 표시 선에 맞추어 80-100번 사포를 원형 축에 둥글게 말아 순간접착제로 고정한 후, 전기 드릴에 장착하여 표시 선에 따라 회전 가공하면 훨씬 편하게 작업할 수 있다.

[나무 손잡이 가공 13]   [나무 손잡이 가공 14]

9. 마지막으로 가공 부분의 마스킹 테이프를 떼어내고 커터 날, 100번 사포 등을 이용해 릴 시트에 맞추어서 손으로 정밀하게 마무리 가공을 하면 멋진 나무 손잡이가 완성된다.

[나무 손잡이 가공 15]   [나무 손잡이 가공 16]

7. 장식 래핑

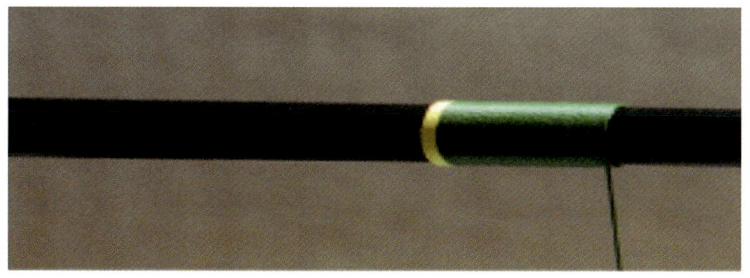

다양한 색깔의 래핑 사를 사용하여 래핑 부위를 아름답게 장식할 수 있다. 아래에 소개된 몇 가지 기법을 익혀 래핑 부위를 보다 깔끔하고 아름답게 해보도록 하자.

7-1 트림 랩

래핑 부위의 가장자리에 트림 랩을 하면 래핑 부위를 깔끔하게 정리해 줄 수 있다. 트림 랩은 장식 랩이므로 많이 감지 않고 3-5회 정도 감아서 마감한다. 다음과 같이 따라해 보자.

1. 트림 랩용 래핑 사(황색)와 마감 고리를 마스킹 테이프를 사용하여 브랭크에 고정시키고, 그 위에 래핑 사(녹색)를 X 형태로 감아 래핑 준비를 한다.
2. 래핑을 시작하여 5-10회 정도 래핑한다.
3. 고정용 마스킹 테이프를 떼어내고 트림 랩(황색) 래핑을 4-5회 반 래핑 방향

(왼쪽)으로 손으로 돌려 감고(브랭크를 회전시켜 래핑하면 안 된다), 마감 고리에 실을 꿰어 마감한다.

4. 래핑을 계속한다. 이때 불필요한 여분의 트림용 래핑 사(황색)는 잘라서 정리한다.

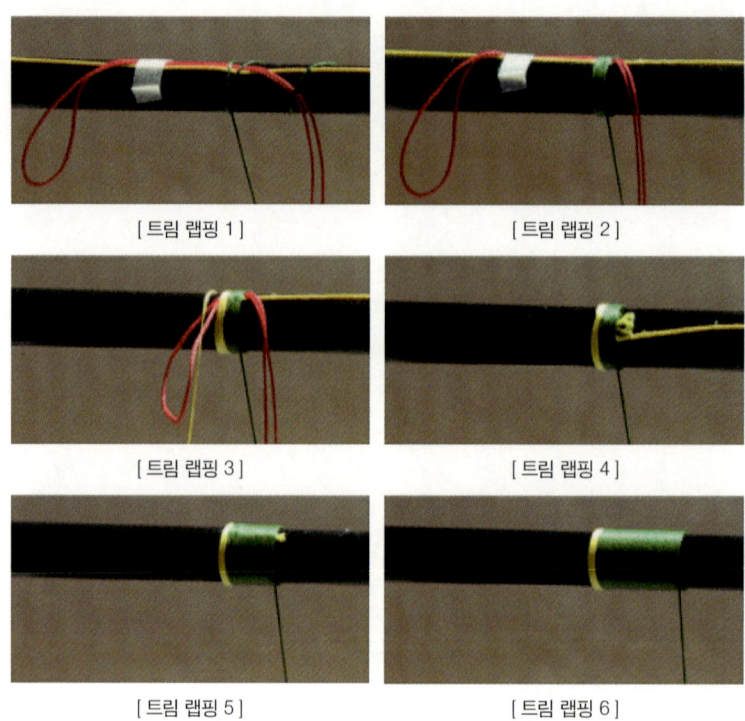

[트림 랩핑 1] [트림 랩핑 2]
[트림 랩핑 3] [트림 랩핑 4]
[트림 랩핑 5] [트림 랩핑 6]

7-2 인레이 랩

인레이 래핑은 한 색깔의 래핑 사를 다른 색상의 래핑 사로 교체하여, 두 색깔이 교체되어 나타나게 하는

래핑 기법이다.

1. 교체하려는 래핑 사(적색)를 녹색 래핑 사 밑에 인레이 하고, 5-6회 녹색 사를 래핑하여 고정시킨다(이때 적색 사 말단부를 짧게 자르고 약간의 힘을 주어 당겨내면 말단부를 녹색 사 밑으로 감출 수 있다.).
2. 적색 사를 위로 하여 녹색 사와 X 교차시킨 다음, 녹색 사를 자르고 적색 사로 계속 래핑하여(인레이), 래핑 사의 색상을 녹색에서 적색으로 교체한다.

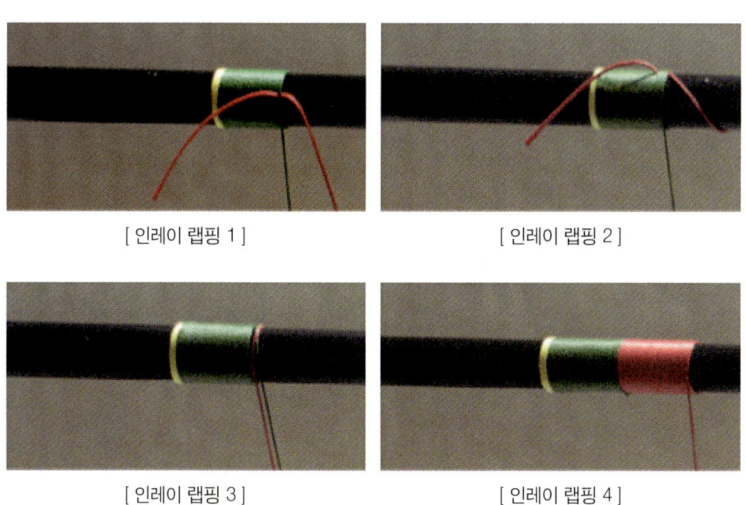

[인레이 랩핑 1] [인레이 랩핑 2]

[인레이 랩핑 3] [인레이 랩핑 4]

7-3 싱글 턴 트림 및 인레이 랩

싱글 턴으로 마무리하면 간단하지만 깔끔하고 고급스런 느낌을 준다.

1. 트림용 래핑 사(황색)를 리본 모양으로 교차하여 브랭크에 고정하고 래핑 사(적색)를 X 교차하여 래핑 준비를 한다.
2. 래핑 사를 5-10회 래핑한다.
3. 트림용 래핑 사의 양 끝을 약하게 당겨서 팽팽하게 정리하여 싱글 턴 트림을 완성한다.
4. 인레이 래핑을 위해 브랭크에 고정시켰던 여분의 트림용 래핑 사 한쪽을 남기고, 불필요한 다른 쪽은 잘라서 정리한다.

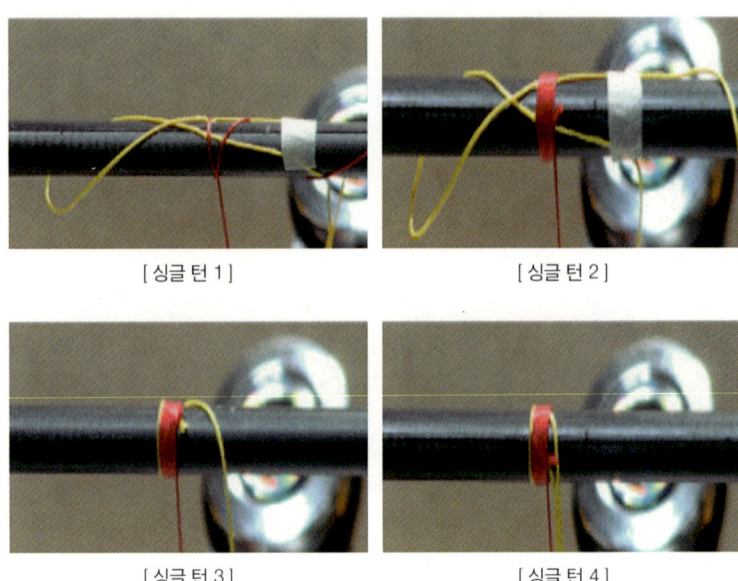

[싱글 턴 1]   [싱글 턴 2]
[싱글 턴 3]   [싱글 턴 4]

5. 남겨 놓은 트림용 래핑 사를 손으로 1회 감고, 트림용 래핑 사를 밑으로 래핑 사와 X 교차하여 인레이시킨다.
6. 래핑 사를 약 5회 감은 다음, 여분의 인레이 래핑 사(황색)를 잘라내고 계속 래핑하여 마감한다.

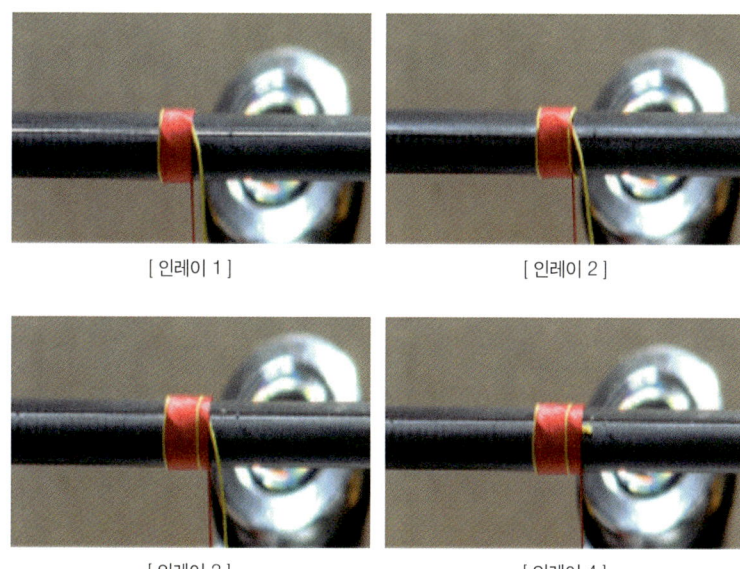

[인레이 1] [인레이 2]

[인레이 3] [인레이 4]

7-4 나선 인레이 랩

두 색상이 연속적으로 교차하여 나타나 래핑 부위를 환상적인 나선으로 보이게 한다.

7. 장식 래핑 99

1. 인레이 래핑 사(황색)를 인레이 부착하고, 래핑 사(적색)를 4-5회 래핑한다.

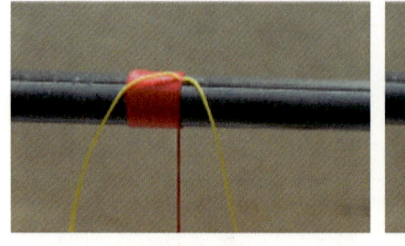
[나선 인레이 1]

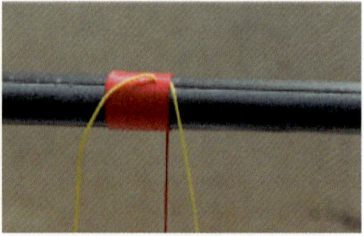
[나선 인레이 2]

2. 래핑 사를 바깥으로 하여 인레이 래핑 사와 래핑 사를 같이 잡는다.

3. 브랭크를 회전시켜 인레이 래핑 사와 래핑 사를 같이 래핑한다.

4. 래핑 사를 인레이 래핑 사 위로 X 교차시켜 인레이 래핑 사를 고정한다.

5. 래핑을 3-4회 하고 여분의 인레이 래핑 사를 잘라낸 뒤 계속 래핑하여 마감한다.

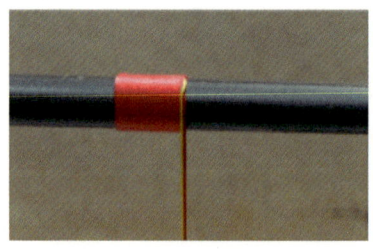
[나선 인레이 3]

[나선 인레이 4]

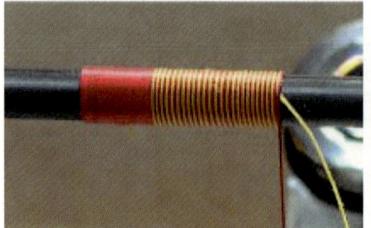
[나선 인레이 5]

[나선 인레이 6]

7-5 언더 랩

언더 랩은 가이드에 큰 힘이 가해졌을 때, 가이드 발에 의해 브랭크가 파손되는 것을 방지해 주는 목적으로 고안되었다. 민물의 가물치나 바다에서 대형 물고기를 상대하는 강인한 낚싯대의 가이드 래핑에 주로 사용된다. 그러나 래핑 사의 색상을 잘 선택하면 아름다운 장식 효과가 나타나므로, 때로는 순수 장식을 위한 목적으로 가이드 래핑에 언더 랩을 사용하는 경우도 있다.

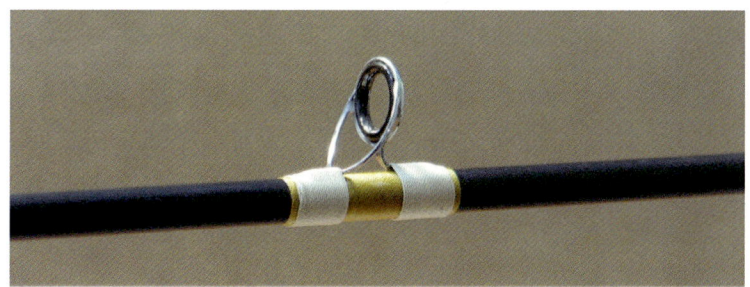

1. 가이드 발의 길이에 맞추어 언더 랩 할 부분을 마커로 표시한 후, 가는 A사를 사용하여 언더 랩을 하고, 색상 보호제를 도포하여 약 1 시간 방치해서 색상 보호제를 경화시킨다.

[언더 랩 1]

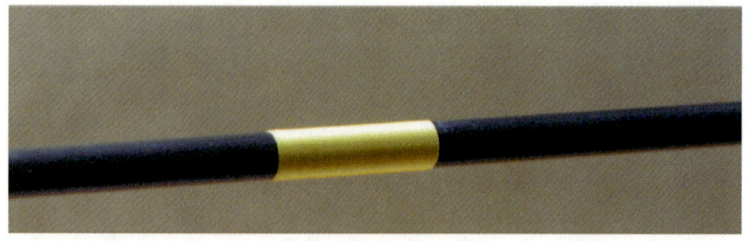

[언더 랩 2]

[언더 랩 3]

2. 언더 랩 상단에 가이드 위치를 잡아 잘 고정하고 래핑하여 가이드를 부착한다.

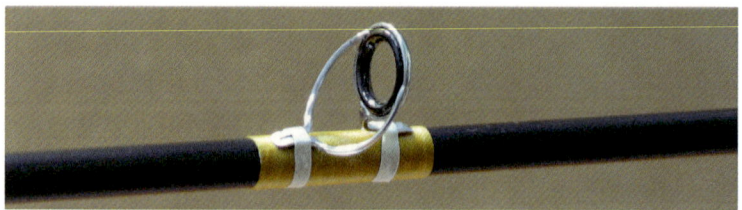

[언더 랩 4]

[언더 랩 5]

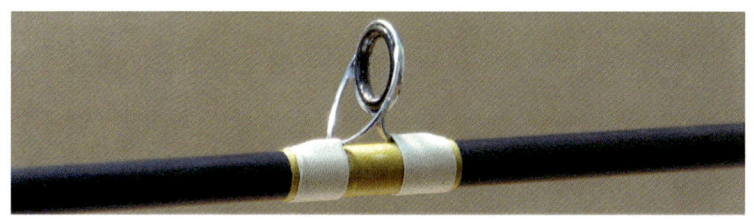

[언더 랩 6]

7-6 포핸(Forhan)의 잠금 랩

리볼버 로드를 만든 유명한 로드 빌더인 리치 포핸(Rich Forhan)에 의해 고안된 가이드 래핑 법으로서 래핑 말단부가 공허하지 않고 깔끔하다. 잠금 랩은 무거운 양발 가이드를 보다 가벼운 외발 가이드로 교체했을 때, 외발 가이드의 부착 강도를 높이기 위해 고안되었다. 가이드가 휘어 부서져도 가이드 발 부분은 그대로 부착되어 있을 정도로 잠금 랩은 부착 강도가 크다. 큰 부하가 걸리는 민물이나 바다 스피닝 낚싯대의 버터 부분 외발 가이드 래핑에 주로 사용한다. 캐스팅 대의 무거운 양발 가이드를 보다 가벼운 외발 가이드로 교체하고자 할 때도 이 잠금 랩을 사용하면 좋다.

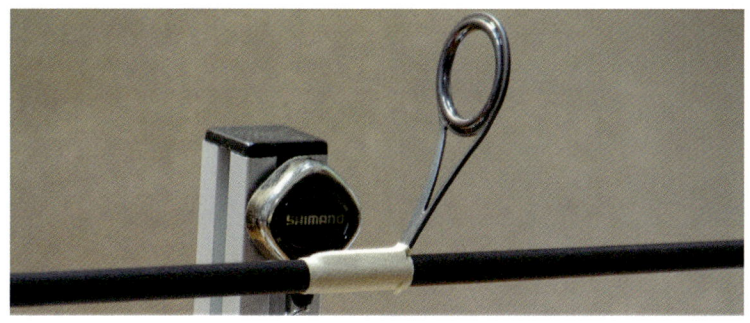

1. 일반 가이드 래핑과 같이 가이드 목까지 래핑한 후 마감 고리를 부착한다.

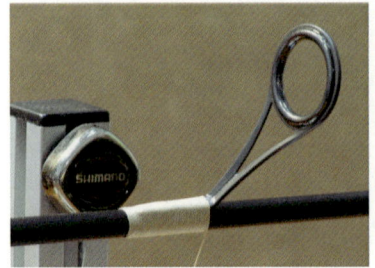
[잠금 랩 1]

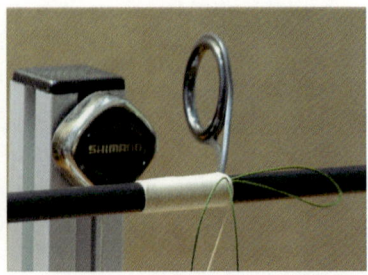
[잠금 랩 2]

2. 가이드 목을 지나 목 뒤편 브랭크에 1회 래핑하고, 실 끝을 손으로 잡고 시계 방향으로 돌려 가이드 목에 3회 래핑한다.

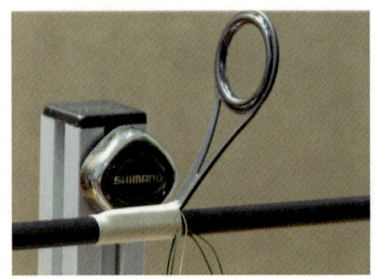
[잠금 랩 3]

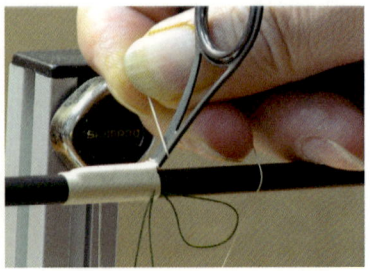
[잠금 랩 4]

3. 가이드 목 뒤편 브랭크에 2회 래핑하고 고리 마감하면 잠금 랩이 완성된다.

[잠금 랩 5]

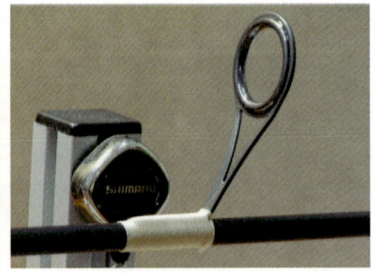
[잠금 랩 6]

8. 버터 장식

많은 로드 빌더들이 버터 부분에 멋진 장식을 하여 낚싯대를 아름답게 꾸민다. 여기에 각종 버터 장식 기법을 소개한다. 버터 장식 기법들을 익혀 보다 특색 있고 아름다운 나만의 낚싯대를 만들어 보자.

8-1 다이아몬드 랩

보기로 든 다이아몬드 랩과 같은 간단한 크로스 랩은 짧은 시간 내에 그리 어렵지 않게 만들 수 있다. 이러한 크로스 랩은 길게 하면 보기는 좋지만, 너무 길면 낚싯대의 감도에 영향을 줄 수 있다. 그러므로 10-15cm 내외의 길이를 초과하면 좋지 않다. 다이아몬드 랩은 다음과 같이 한다.

1. 다이아몬드 랩을 할 브랭크 부위에 마커를 사용하여 한 면(0도)과 그 반대 면 (180도)의 양면에 일정 간격을 표시한다. 180도 면에는 0도 면 간격의 정중앙을 따라 일정 간격을 표시한다. 브랭크는 팁 쪽으로 갈수록 직경이 작아지므로, 다이아몬드 문양도 그에 따라 조금씩 작게 만들면 크로스 랩의 완성도가 좋아진다. 간격을 표시할 때 팁 쪽으로 가면서 0.2-0.3mm 정도로 간격을 좁혀 나가면 좋은 결과를 얻을 수 있다.

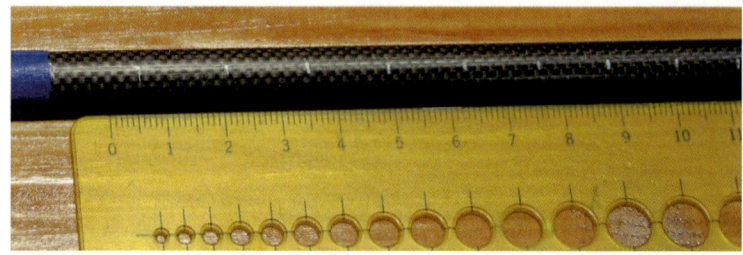

[한 면에 마커로 일정 간격을 표시한다.]

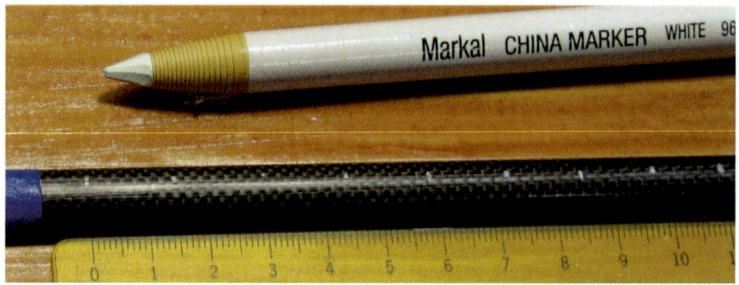

[다른 한 면에는 반대 면 마킹 간격의 정 중앙으로 일정 간격을 표시한다.]

2. 마커로 표시해 놓은 래핑 부위 양쪽 말단에 이쑤시개를 반으로 잘라 마스킹 테이프로 단단히 고정하고 지지대에 브랭크를 장착한다. 이쑤시개는 크로스하는 실들의 시작이나 방향을 바꿀 때 실을 고정하기 위한 색실걸이로 사용한다.

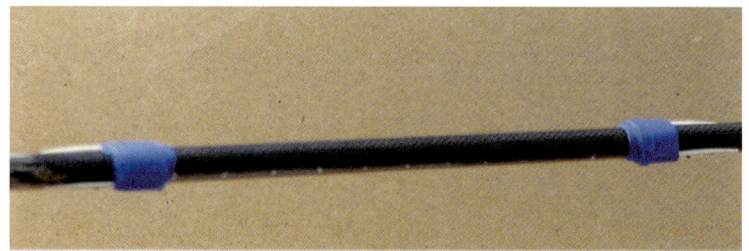

[이쑤시개를 마스킹 테이프로 고정하여 색실 걸이를 만든다.]

3. 보기의 다이아몬드 문양에서 중앙에 있는 가장 작은 노란색의 다이아몬드는 2가닥의 색실을 크로스하여 만든 것이다. 노랑 색실을 색실걸이에 고정하고, 색실을 잡고 브랭크를 회전시켜 왼쪽에서 오른쪽으로 표시한 간격에 맞추어 나선형으로 감아 크로스 랩을 시작한다.

[크로스 랩 1]

[크로스 랩 2]

4. 오른쪽 끝까지 나선이 완성되면 색실걸이에 실을 고정하고, 이번에는 오른쪽으로 나선을 만들어 색실을 마킹 지점에서 크로스시킨다. 이것을 2회 반복하여 중앙의 다이아몬드를 완성한다. 완성된 중앙 다이아몬드가 일직선상에 있는지 확인한 후, 직선에서 벗어난 부분이 있으면 송곳이나 손톱으로 수정해 준다. 또한 작업 도중 실과 실 사이에 빈틈이 생기면 즉시 송곳이나 손톱으로 실들을 잘 밀어 촘촘히 해주어야 한다. 나중에 수정하려면 생각보다 어렵고 패턴이 일그러지기 쉽다.

[직선도 확인]

[틈이 생기면 즉시 수정해 준다.]

5. 중앙 다이아몬드를 감싸는 주황색의 다이아몬드는 3겹의 주황색 실을 크로스하여 만든 것이다. 주황색 실을 걸개에 고정하고 중앙 다이아몬드의 위, 아래, 왼쪽, 오른쪽의 4방향에 각 3회씩 나선을 크로스하여 주황색 다이아몬드를 완

성한다. 보다 쉽게 하려면 주황색 실 3겹을 같이 잡고 크로스시키면 된다.

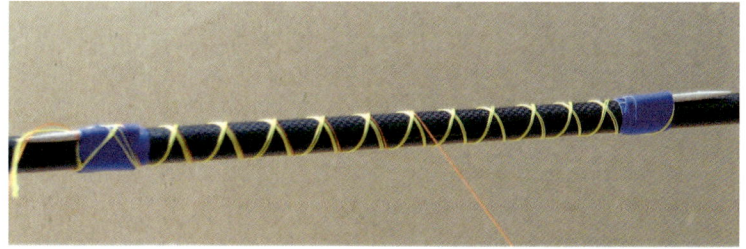

[크로스 랩 3]

[크로스 랩 4]

[크로스 랩 5]

6. 주황색 다이아몬드의 테두리는 노랑 색실 1겹을 크로스시켜 만든다.

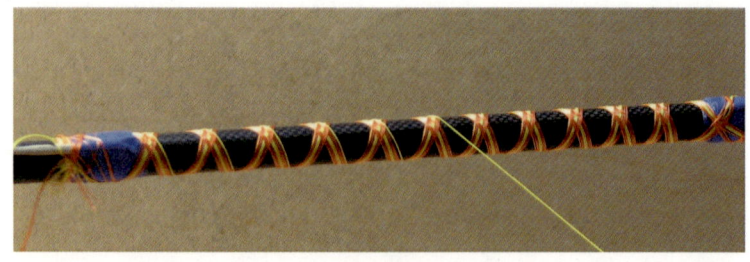

[크로스 랩 6]

[크로스 랩 7]

7. 가장 바깥의 주황색 테두리는 2겹의 주황색 색실을 크로스하여 다이아몬드 랩을 완성한다.

[크로스 랩 8]

8. 완성한 크로스 랩 양쪽 말단부에 마감 래핑을 약 10회 하여 크로스 랩을 고정시키고, 이제는 필요 없는 색실걸이, 테이프, 실들을 제거한 다음 래핑을 계속하여 마감한다.

[크로스 랩 9]

[크로스 랩 10]

[크로스 랩 11]

보기의 다이아몬드 크로스 랩은 0도와 180도 두 곳에서 시작하는 2축의 기본 형식이다. 2축의 기본 형식을 2중 또는 3중으로 하여 4축 혹은 6축으로 하면, 4면 혹은 6면에서 다이아몬드 패턴이 나타나는 정교한 패턴이 된다. 강조하고 싶은 것은, 이렇게 기본 형식의 패턴을 다중으로 하는 것이 처음부터 무리하게 복잡한 패턴을 시도하는 것보다 더 나을 경우가 많다는 점이다. 난이도가 높은 복잡한 패턴은 실수가 잦아서 크로스 랩에 결점이 생겨 완성도가 떨어지기 쉽기 때문이다. 단순한 패턴을 하되, 패턴의 색상을 잘 선택하고 축 수를 잘 조정하면 크게 어렵지 않게 완성도 높은 멋진 크로스 랩을 만들 수 있다. 보색보다는 동색 계열의 실로 패턴을 구성하면 보다 우아한 분위기가 연출된다.

8-2 타이거 랩

타이거 랩은 1990년대 초 미국의 스콧 드룹(Scott Throop)에 의해 고안되었으며, 인기 있는 버터 랩 중의 하나이다. 호랑이 무늬와 같이 불규칙하면서도 아름다운 홀로그램 3D 패턴이 나타나며, 초보자도 비교적 쉽게 할 수 있다. NCP사를 사용하고 서로 색상 차이가 큰 실들을 사용하면 무늬가 뚜렷하게 나타난다.

1. 배경이 되는 노랑 실과 패턴을 만들어 내는 녹색 실을 같이 잡고, 브랭크에 왼쪽에서 오른쪽으로 감고 실을 고정한다. 이때 두 색실이 꼬이거나 겹쳐져서

두 실의 순서가 바뀌면 안 된다. 중간 중간 실들을 잘 밀어 틈이 없도록 하자.

[타이거 랩 1]

2. 매끄러운 표면을 가진 원통형 물체로 잘 문질러서 색실 간의 간격을 고르게 하고, 색상 보호제를 도포하여 경화한다.

[타이거 랩 2]

[타이거 랩 3]

3. 색상 보호제가 완전히 경화하면 실을 감는 방향을 전환하여 이번에는 오른쪽에서 왼쪽으로 겹쳐 감고 실을 고정한다.

[타이거 랩 4]

[타이거 랩 5]

4. 표면을 잘 정리하고 녹색의 호랑이 무늬가 나타나도록 배경이 되는 노랑 실을 풀어낸다. 이때 녹색 실의 간격이 흐트러지지 않게 주의해야 한다. 노랑 실을 풀어내면 녹색의 호랑이 무늬가 입체적인 3D 형태로 나타나기 시작한다.

[타이거 랩 6]

[타이거 랩 7]

5. 배경 실인 노랑 실을 모두 풀어 잘라내고 표면을 문질러 정리하면 멋진 3D 홀로그램 타이거 랩이 완성된다.

[타이거 랩 8]

에폭시 마감을 보다 두껍게 하면, 타이거 랩의 3D 홀로그램 효과가 더욱 두드러지게 나타난다.

8-3 깃털 인레이

화려한 색상의 새 깃털을 인레이하여 버터 부분을 장식할 수 있다. 새의 깃털은 산이나 강변에서 쉽게 채집할 수 있으며, 여의치 않으면 플라이 숍 등에서 구입할 수 있다. 특별한 기술 및 장비가 필요하지 않으므로 누구나 쉽게 할 수 있는 기법이다. 식물의 잎, 꽃, 날벌레, 혹은 수서 곤충 유충들도 책갈피에 잘 눌러서 말려 같은 방법으로 인레이 할 수 있다.

1. 색상 보호제, 알코올, 붓, 혼합 용기, 인레이 깃털을 준비한다.
2. 인레이할 깃털 부위를 선별하여 깃털의 뿌리와 솜털을 가위로 잘라내고 잘 다듬는다.
3. 선별한 깃털의 색이 잘 드러날 수 있는 색깔의 래핑 사를 선택하여, 깃털의 크기에 맞게 브랭크에 언더 랩을 하여 인레이 준비를 한다.

[깃털 인레이 1]   [깃털 인레이 2]

4. 인레이 깃털의 아래 부분에 색상 보호제를 가볍게 도포하여 인레이 방향에 맞추어 준 다음, 약 5분간 방치하여 아래 부분을 고정한다.
5. 색상 보호제 : 알코올을 약 1:1의 비율로 섞어 깃털 고정 용액을 만들어서, 붓에 적셔 깃털의 중심부에서 가장자리 쪽으로 붓질하여 정리한다. 깃털 전체를 예쁘게 펴고 가장자리를 잘 마무리한다. 흐트러진 한두 개의 깃털은 송곳을 사용하여 위치를 수정하여 정리해 주면 된다. 약 10분 정도 경과하면 알코올이 증발하고 깃털은 브랭크에 접착된다.

[깃털 인레이 3]

[깃털 인레이 4]

[깃털 인레이 5]

색상 보호제를 래핑한 부분 전체에 고르게 도포하고, 4-5시간 경과 후 색상 보호제가 완전히 마르면 에폭시 마감 작업을 한다.

8-4 글쓰기

필체에 자신이 있으면 완성한 낚싯대의 브랭크에 예쁘게 글을 써보자. 빛을 잘 투과하지 않는 불투명한 물감이 좋다. 쉽게 구할 수 있는 것으로는 아크릴 물감이 있다. 아크릴 물감은 수용성이므로 물을 몇 방울 떨어뜨려 적당히 묽혀서 펜에 묻혀 시험해 보고, 매끄럽게 글자가 잘 써지는 농도로 하여 사용한다. 색깔은 흰색과 황색 계열이 탁도(濁度)가 높아 브랭크에 쓰인 글씨가 잘 드러난다.

1. 펜글씨용 펜, 800-1000번 사포, 아크릴 물감, 물감 섞는 용기 및 세척용 알코올을 준비한다.
2. 브랭크 표면을 800-1000번 사포로 살짝 사포질하여 물감이 잘 묻어 들게 처리한다.

[글쓰기 준비물]

[글쓰기 1]

3. 물감이 적당한 두께로 고르게 나오도록 매끄러운 플라스틱 표면과 같은 곳에 줄을 그어서 굵기를 맞춘 다음, 글을 쓰지 않는 손으로 브랭크를 잡아 고정하고 펜에 물감을 찍어 글자를 쓴다. 크기가 큰 글자는 브랭크를 고정한 손으로 브랭크를 조금씩 회전해 가며 쓴다. 글씨가 잘못되었을 때는 알코올로 닦아내고 다시 쓰면 된다.

[글쓰기 2]

[글쓰기 3]

[글쓰기 4]

4. 글씨를 다 쓰고 약 30분 방치하여 아크릴 물감이 완전히 마르면, 광택용 투명 스프레이를 분사하여 도포한다. 그러면 사포질한 흔적이 없어지고, 원래의 매끄러운 표면을 다시 갖게 된다.

[글쓰기 5]

글자의 경계를 설정하여 트림 랩을 하고 에폭시 마감을 해서 완료한다.

8-5 테이프를 이용한 문자 웨이빙

웨이빙 기술을 이용하여 브랭크에 아름다운 패턴을 짜넣을 수 있다. 알파벳과 같은 단순한 문자 패턴은 직기 없이도 테이프를 사용하여 쉽게 짜넣을 수 있다. 여기에 소개한 문자 웨이빙을 따라해 보면, 브랭크의 버터 부분에 자신의 이니셜 등을 만들어 넣어 낚싯대를 멋있게 장식할 수 있다.

아래에 빨강 실을 바탕실로 하고 노랑 실을 패턴실로 하여, 7개의 가로줄과 6개의 세로줄로 구성하여 만든 A와 B 문자 패턴이 있다. 이 문자 패턴들은 웨이빙에 대한 이해를 돕기 위해 직선화하여 단순하게 만든 문자 패턴이므로 누구나 쉽게 따라할 수 있다. 그러므로 어려워하지 말고 따라해 보도록 하자.

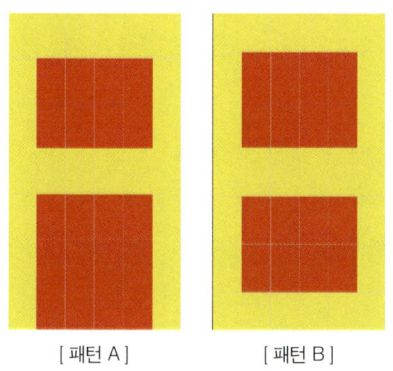

[패턴 A]   [패턴 B]

1. 가로줄(노란색) 7가닥을 나란히 정렬하여 마스킹 테이프를 2-3회 감아 단단히 고정하고, 바탕이 되는 빨간색 실을 10-15회 노란색 실 위로 래핑하여, 알파벳의 첫 문자 A의 웨이빙 준비를 한다.

2. 문자 A의 첫 번째 세로 획 'I'을 노란색 실로 만든다. 노란색 실(1-7 : 편의상 노란색 실을 위로부터 1, 2, 3…, 7로 나타낸다)의 7가닥을 모두 왼쪽으로 이동시켜 고정한 다음, 빨간색 실을 1회 감는다.

3. A의 중간 가로 획 '='을 만들기 위해 1번과 4번 실은 왼쪽으로, 나머지 2, 3, 5, 6, 7번 실은 오른쪽으로 이동시켜 고정하고 빨간색 실을 4회 래핑한다.

[문자 웨이빙 1]

[문자 웨이빙 2]

[문자 웨이빙 3]

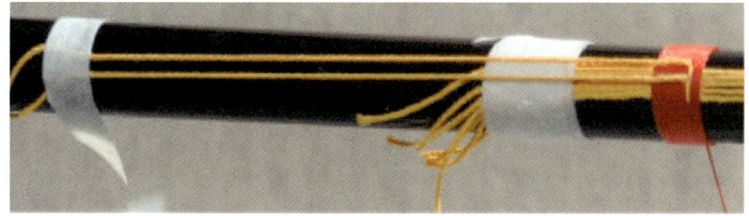

[문자 웨이빙 4]

4. 1-7번 실을 모두 왼쪽으로 이동시켜 A의 마지막 세로 획 'I'을 만들 준비를 한다.

[문자 웨이빙 5]

[문자 웨이빙 6]

5. 빨간색 실을 1회 래핑하고 노란색 실 1-7번을 모두 오른쪽으로 이동하여 고정시키면 A자의 윤곽이 나타난다.

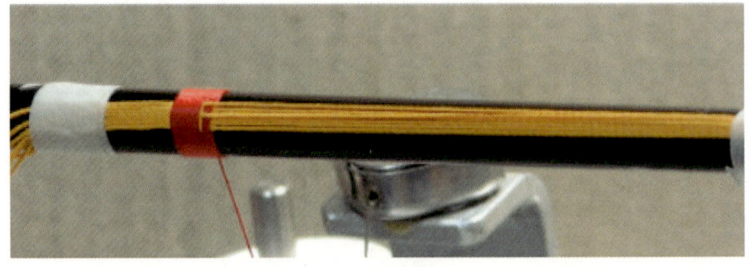

[문자 웨이빙 7]

6. 빨간색 실을 1회 더 래핑하면 A자가 완성된다. 이때 필요하면 송곳으로 글자 체의 모양을 바로 잡아 정리해 준다.

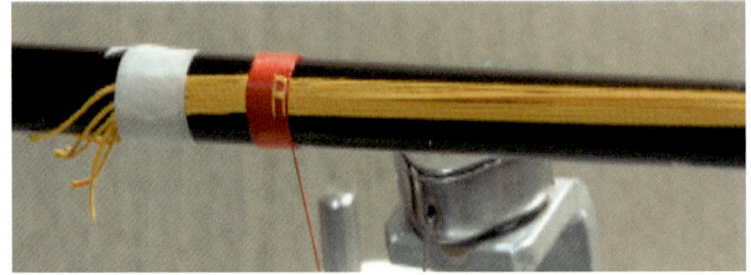

[문자 웨이빙 8]

7. 빨간색 실을 노란색 실 위로 3-4회 래핑하여 문자 간 간격을 만들고, 노란색 실 1-7번을 모두 왼쪽으로 옮겨 고정한다.

[문자 웨이빙 9]

8. 다음 문자 B의 첫 번째 세로 획 'I'부터 시작하여 같은 방법으로 문자 B를 만들어 나간다.

[문자 웨이빙 10]

[문자 웨이빙 11]

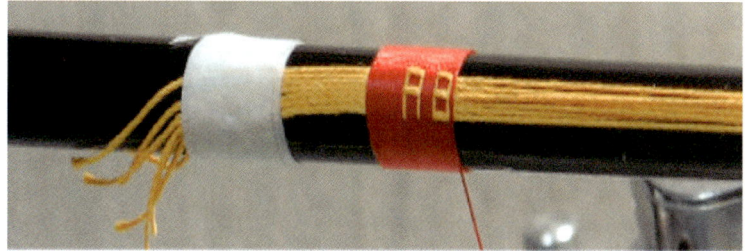

[문자 웨이빙 12]

 조금 복잡하게 보일 수도 있으나 몇 번 연습해 보면 웨이빙의 원리를 이해할 수 있으며, 그래프용지에 문자를 도안하여 보다 정교한 문자 웨이빙을 할 수도 있다.

9. 낚싯대 수리

낚싯대를 오래 사용하거나 사용상의 부주의로 인해 자주 손상되거나 파손되는 낚싯대 부위의 수리에 대해 알아보자.

낚싯대의 수리는 겉보기는 물론 강도, 파워, 휨세, 밸런스와 같은 낚싯대의 성질이 원래대로, 혹은 그에 매우 근접하게 나타나야 한다는 뜻을 내포하고 있다. 따라서 낚싯대를 수리할 때는 손상된 부위의 구조와 힘의 분산에 대해 이해하고 있어야 한다. 부위에 따라서는 수리하는 것이 낚싯대를 새로 만드는 것보다 더 어려운 기술을 요구할 때가 많다.

9-1 가이드 분리

낚싯대를 오래 사용하다 보면, 에폭시 코팅 부분이 헐거워져서 가이드가 돌아가거나 과도한 힘을 받은 가이드의 프레임이 비틀리거나 부서지는 일들이 발생한다. 이럴 때는 문제가 되는 가이드를 브랭크에서 분리하여 떼어내고 새 가이드를 부착해야 한다. 가이드를 분리할 때 브랭크에 흠집이 나거나 손상되지 않도록 주의하여 작업하도록 하자.

● **톱 가이드** : 일부 오래된 낚싯대 중에는 고체 글루를 사용하여 톱 가이드 부분을 접합한 것들이 있다. 고체 글루는 에폭시 접착제보다 접착력이 약하고, 특히 열에 약해서 한여름의 뜨거운 햇빛에 녹아 가이드가 돌아가거나 손상되기 쉽다. 톱 가이드가 손상되었을 때 다음과 같이 분리하여 재 부착한다.

1. 손상된 톱 가이드 다리 부분의 에폭시와 래핑 사를 프레임 한쪽 면이 노출되도록 커터 날로 깨끗이 도려낸다.

[톱 가이드 분리 1]

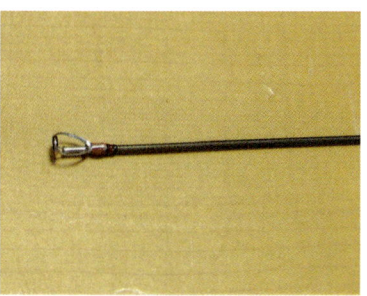
[톱 가이드 분리 2]

2. 약한 부탄 가스불로 손상된 톱 가이드의 금속 튜브 부분을 가온하여 에폭시를 녹이고, 펜치로 톱 가이드를 팁 방향과 같이 똑바로 당겨 브랭크에서 분리한다. 브랭크의 수지는 150도 이상의 과도한 열이 가해지면 녹아서 브랭크가 손상되기 때문에, 브랭크에 불꽃이 직접 접촉하지 않도록 주의해야 한다. 공업용 히트 건을 이 목적에 사용할 수도 있으나, 열량이 너무 높고 제어가 어려우므로 가급적 사용하지 않는 것이 좋다.

[톱 가이드 분리 3]

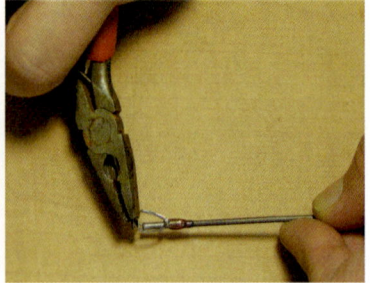

[톱 가이드 분리 4]

3. 브랭크에 남아 있는 에폭시 잔여물과 래핑 사 등을 헤어 드라이어기로 가온 하여 무르게 한 후 커터 날, 손톱 등을 이용하여 깨끗이 긁어내 완료한다.

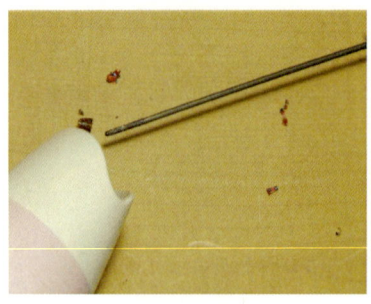

[톱 가이드 분리 5]

[톱 가이드 분리 6]

● **일반 가이드** : 과도한 힘을 받으면 에폭시 마감 부분이 헐거워지거 나 비틀려서 가이드가 손상된다. 손상된 가이드는 다음과 같이 분리 한다.

1. 커터 날을 사용하여 손상된 가이드 다리 부분의 에폭시 코팅과 래핑 사를 발 이 노출되도록 도려내고, 손으로 가이드를 잡고 브랭크로부터 분리해 낸다.

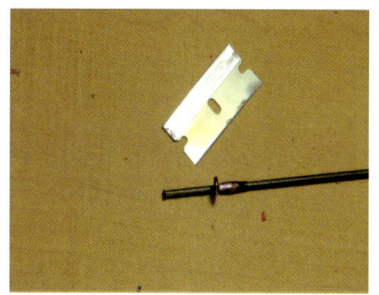
[가이드 분리 1]

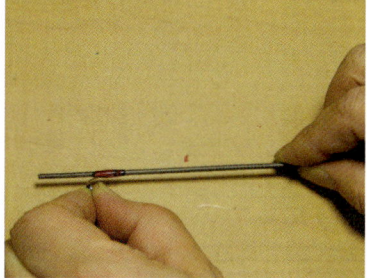
[가이드 분리 2]

2. 브랭크에 남아 있는 에폭시 및 래핑 사를 손톱 등을 이용하여 브랭크에 상처를 내지 않도록 조심스럽게 제거한다. 버터 가이드와 같이 래핑 부위가 길고 두꺼울 때는 펜치를 이용하여 래핑 사를 벗겨 내고, 헤어 드라이어기로 가온하여 에폭시를 무르게 해서 커터 날로 잔여물을 깨끗이 제거한다.

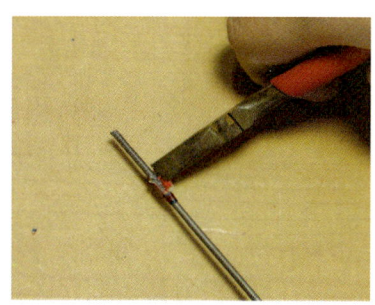
[가이드 분리 3]

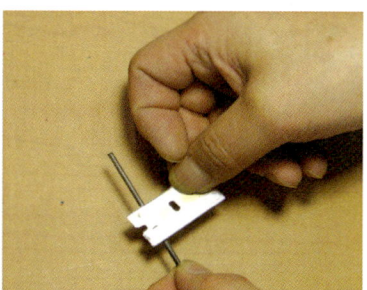
[가이드 분리 4]

9-2 초릿대 수리

낚싯대의 초릿대 부분은 강도가 약해서 급격한 충격을 받으면 부러지기 쉽다. 딱딱한 물체에 부딪히거나 부적절한 랜딩, 또는 밟거나 자동차 문에 끼이는 것 등이 주된 원인이다. 실제로 낚싯대 파손의 거의 80-90%가 초릿대 부위에서 일어난다. 초릿대 부분은 길이가 조금만 달라져도 낚싯대의 휨세에 큰 변화가 일어나므로, 부러진 부분을 단순히 이어 붙여서는 안 되고 휨세의 변화가 없게 수리를 해야 한다. 파손된 초릿대 부분의 수리는 다음과 같이 한다.

1. 부러진 초릿대 부위의 모든 가이드와 부러지지 않은 부위에 있는 첫 번째 가이드를 브랭크로부터 분리한다.

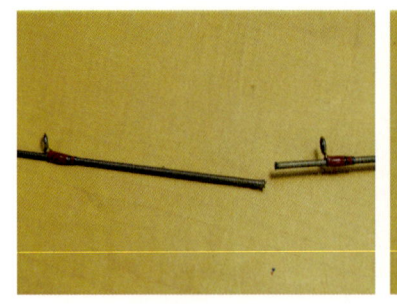

[초릿대 수리 1]

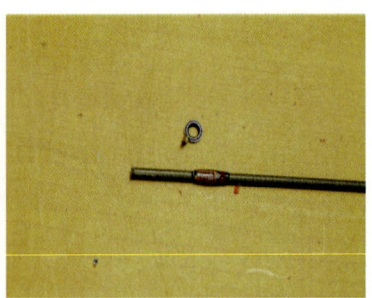

[초릿대 수리 2]

2. 에폭시 잔여물들을 제거하고, 분리한 가이드 다리 중간 부분까지 삼각 줄로 절단한다. 절단 부위를 400번 사포로 잘 정리한 다음, 바다 찌 낚싯대의 초릿대를 준비한다. 이 초릿대는 속이 빈 파이프 형이 아니라 속이 찬 원통형의 솔리드 대이다.

[초릿대 수리 3]

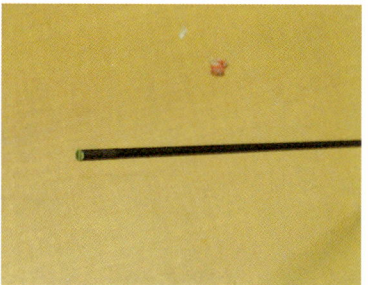
[초릿대 수리 4]

3. 준비한 원통형 초릿대를 부러져 나간 원 낚싯대 초릿대 부분의 직경과 휨세를 잘 비교하여, 가장 근접하는 부분을 원래 길이보다 약 1cm 정도 더 길게 하여 마스킹 테이프를 감고 삼각 줄로 절단한다. 대개의 경우 직경이 비슷하면 휨세도 비슷하다. 좀 더 욕심을 부린다면, 이 단계에서 1000번 사포로 표면을 곱게 사포질하여 페인트를 벗겨낸 다음, 원 낚싯대와 같이 도색하여 색깔까지 맞추어 주면 더 좋다.

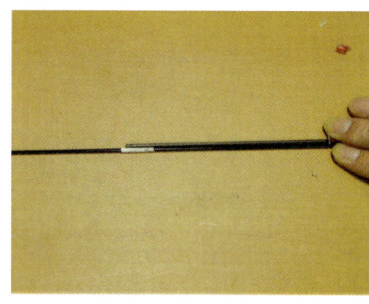
[초릿대 수리 5]

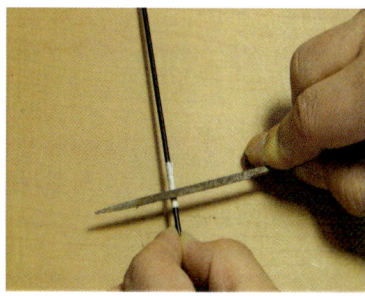
[초릿대 수리 6]

4. 이제 말단부에 페룰을 만들어 잘라낸 부위에 연결한다. 말단부 약 10mm를 평면 줄과 1000번 사포를 이용하여 잘라낸 부위의 내경에 맞게 가공한다. 자주 맞추어 보고 연결 부위가 헐겁지 않게 정밀하게 가공해야 한다.

[초릿대 수리 7]

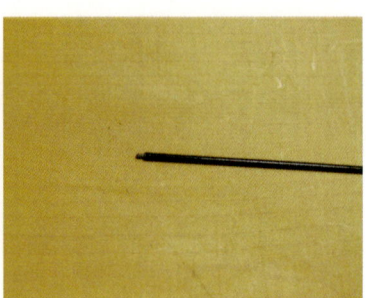

[초릿대 수리 8]

[초릿대 수리 9]

5. 30분 에폭시 접착제를 페룰 부위에 도포하여 24시간 방치, 경화해서 연결하고, 연결 부위의 틈은 순간접착제로 메운다. 이때 굴곡이 있으면 표면을 1000번 사포로 사포질하여 굴곡이 없도록 정리하고, 연결 부위가 정중앙에 오도록 가이드를 위치시킨다.

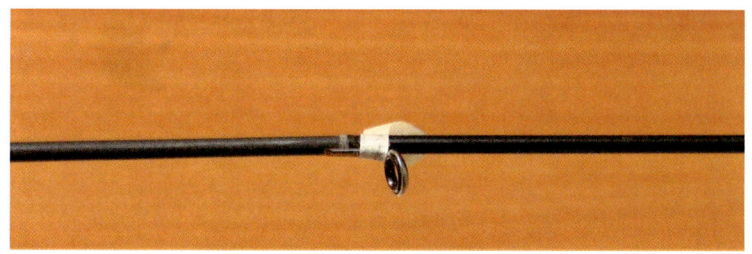

[초릿대 수리 10]

6. 연결 부위에 가이드를 래핑 부착하고 에폭시 마감을 하여 수리를 완료한다.

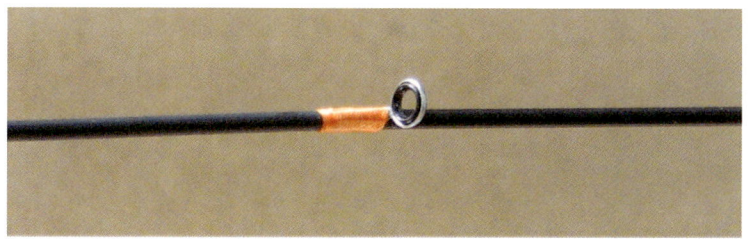

[초릿대 수리 11]

초릿대 파손은 톱 가이드와 1번 가이드 사이, 혹은 1번 가이드와 2번 가이드 사이가 가장 많다. 이 부분들이 파손되었을 때 이 수리 방법을 유용하게 사용할 수 있다. 이렇게 수리하면 연결 부위가 표시나지 않으며, 낚싯대 전체의 휨세나 힘도 원래 낚싯대의 상태와 거의 같게 복원된다.

9-3 손잡이 분리

낚싯대의 손잡이 교체를 위해 브랭크로부터 손잡이를 분리하는 방법을 알아보자.

일부 오래된 로드 빌딩 책자에는 끓는 물에 약 1시간 정도 낚싯대 손잡이를 삶아 분리하도록 되어 있다. 그러나 이런 방법은 옛날의 고체 글루를 사용하여 만든 낚싯대에 적용하는 방법이며, 현재의 에폭시 접착제를 사용한 낚싯대에는 적용되지 않는다. 에폭시 접착제는 120도 이상의 온도에서 녹으므로 약 130도의 고압 증기 오븐에 30분 정도 방치하면 브랭크로부터 손잡이를 쉽게 분리할 수 있다. 그러나 개인 로드 빌더가 이러한 고압 증기 오븐을 갖추기는 어려우므로 여기서는 물리적 분리법을 소개해 놓았다. 물리적으로 분리할 경우 분리한 부품의 재사용은 불가능하다.

1. 커트 날을 사용하여 분리할 손잡이를 브랭크에 닿을 정도로, 그러나 브랭크에 손상이 가지 않을 정도로 깊고 길게 그어 잘라 준 다음 집게로 뜯어낸다.

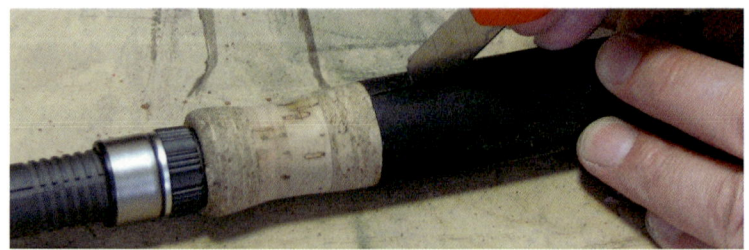

[손잡이 분리 1]

[손잡이 분리 2]

[손잡이 분리 3]

2. 쇠톱을 사용하여 릴 시트의 양면을 잘라 집게로 뜯어낸다. 조각기 등의 전동 기구를 사용하면 더욱 편하게 작업할 수 있다.

[손잡이 분리 4]

[손잡이 분리 5]

3. 릴 시트 부착에 사용된 아보 역시 집게로 뜯어서 제거한다.

[손잡이 분리 6]

4. 손잡이 분리 부분을 커터 날로 대략 정리하고, 100번 사포를 사용하여 새 손잡이 장착에 어려움이 없도록 사포질을 한다. 새 손잡이를 장착하면 보이지 않으므로 매끈하게 정리할 필요는 없다.

[손잡이 분리 7]

[손잡이 분리 8]

9-4 브랭크 도장

낚싯대의 가이드 배열을 새로 한다든가 수리하면서 가이드 혹은 버터 장식을 제거하면, 아무리 조심스럽게 작업해도 브랭크에 그 흔적이 남아 있다. 이럴 때 브랭크 도장을 다시 하면 새 브랭크처럼 말짱해진다. 브랭크 도장에는 UV 차단이 되는 옥외용 수성 우레탄 수지를 사용한다. 자동차 용품점 등지에서 판매하는 분무형 도료는 브랭크 전체에 걸쳐 고르게 도포되지 않고 도료가 쉽게 떨어져 나가므로 사용하지 않는 것이 좋다.

1. 브랭크를 800-1500번 사포로 사포질해서 기존의 도료까지 완전히 제거하여 도장 준비를 한다. 물을 같이 사용하여 물 사포질을 하면 먼지가 나지 않아서 좋다.

[브랭크 도장 1]

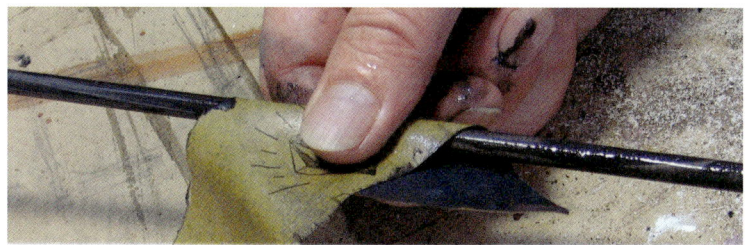

[브랭크 도장 2]

[브랭크 도장 3]

2. 옥외용 우레탄 수지, 약 0.5mm 두께의 고무막, 나사 마개가 있는 플라스틱 병을 준비하여, 병마개에 브랭크가 드나들기에 충분한 넓은 구멍을 내고, 고무막을 장착하여 병마개를 닫는다. 장착한 고무막 중앙에 송곳으로 조그만 구멍을 뚫고 커터 날로 플라스틱 병을 비스듬히 자르면 도장 도구가 만들어진다. 이렇게 만든 도장 도구에 우레탄 수지를 3-5ml 정도 채워 도장 준비를 한다.

[브랭크 도장 4]

[브랭크 도장 5]

3. 브랭크의 도장은 도장 도구의 고무막에 브랭크 팁 쪽을 병 안쪽에서 바깥쪽으로 관통하여 꽂고, 도장 도구를 약 40-50도 기울여 브랭크를 우레탄 수지

에 잠기게 한 다음, 버터 끝 부분을 잡고 중간에 멈추지 말고 한 번에 밀어서 완료한다.

[브랭크 도장 6]

10. 크로스 랩 디자인

크로스 랩은 오랫동안 낚싯대의 손잡이나 버터 부분 장식에 사용되어 왔다. 그러나 상당한 경험의 로드 빌더들에게도 크로스 랩 작업은 그리 만만하지 않다. 색상을 바꾸어 가며 많은 가닥의 실을 순서에 따라 왼쪽과 오른쪽으로 반복해서 나선형으로 브랭크에 감아 나가는 작업은 사람을 쉽게 혼란에 빠뜨려 실수를 유발시킨다. 단순히 주어진 실 감는 순서를 반복적으로 따라하기보다는, 크로스 랩 패턴의 구조를 먼저 이해하고 따라하는 것이 덜 혼란스럽다. 여기 라인 테이프를 이용하는 크로스 랩 디자인 방법이 소개되어 있다. 이 방법을 사용하면 처음 해보는 사람들도 쉽게 크로스 랩 디자인의 원리를 이해할 수 있다. 익숙해지면 자신만의 독특한 크로스 랩 패턴을 만들 수도 있다.

10-1 라인 테이프를 이용한 크로스 랩 디자인

선들이 교차할 때 나타나는 세브론 문양(chevron, 갈매기 : V 형태)이 크로스 랩의 기본 형태이다. 오랫동안 크로스 랩은 색연필을 사용하여 백지에 일정 형태로 선을 교차시켜 그려서 디자인하거나 그래프용지를 이용하여 디자인해 왔다. 그러나 이러한 디자인 방식은 매우 어렵고 느릴 뿐만 아니라, 실제 래핑을 실행해야만 그 디자인 형태를 확인할 수 있다. 그러다가 다양한 색상과 넓이를 가진 차트 그래프용 라인 테이프가 크로스 랩 디자인에 등장한다. 라인 테이프를 사용하면 빠른 시간 내에 디자인할 수 있을 뿐만 아니라, 래핑을 하지 않고도 디자인의 형태를 확인할 수 있다는 장점이 있다. 필요한 도구로는 백지 한 장, 펜, 자, 커터 날 등이다. 크로스 랩 디자인에는 1.5mm 넓이의 라인 테이프를 많이 사용한다.

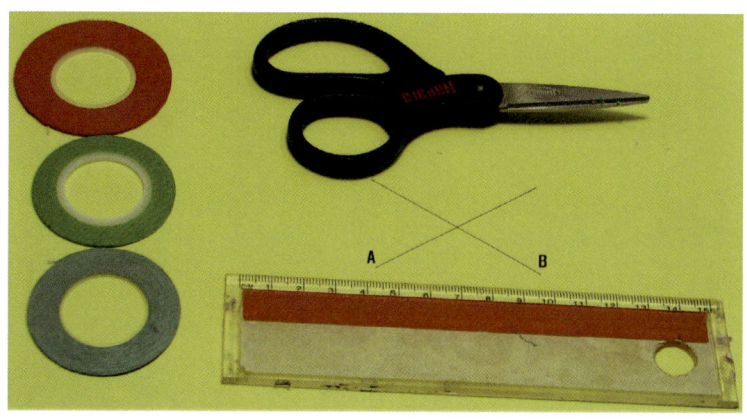

[라인 테이프 크로스 랩의 준비]

디자인 준비는 백지 위에 큰 X를 하나 그리는 것으로부터 시작한다. 이때 X에서 /는 실이 브랭크 버터에서 팁 쪽으로 나선형으로 감겨 나가는 방향을 나타내며, \는 팁에서 버터 쪽으로 나선형으로 감겨 돌아오는 것을 나타낸다. X의 다리를 각각 A, B…,로 표시하고 색깔을 정한다. 그리고 X의 각 다리에 화살표로써 테이프를 붙여 나가는(즉 래핑 사가 감겨 나가는 진행 방향)을 나타내면 디자인 준비가 완료된다.

이미 언급한 것과 같이, 크로스 랩 디자인의 기본은 세브론 문양이다. 이 세브론들을 결합하는 방법에 따라 여러 가지 독특한 문양이 생성된다. 크로스 랩에서 문양의 생성은 하나의 X로부터 시작하며, 많은 X를 연속적으로 생성하여 세브론들을 결합시킨 것이다. 나타나는 문양의 모양은 X의 (1) 결합 방향, (2) 색깔, (3) /와 \의 배열 수의 3가지 요소에 의해 결정된다.

디자인은 테이프를 X의 / 방향으로 하나 붙이고, \ 방향으로 또 하나의 테이프를 붙이는 것으로 시작한다. 그리고 화살표로 표시된 래핑 진행 방향으로 테이프들을 하나씩 붙여 나가면 디자인이 완성된다. 사용 테이프의 길이는 처음 그린 X보다 짧게 해서 붙인다.

10-2 크로스 랩 디자인의 기초

● **결합 방향에 의한 효과** : 이제 기본 크로스 랩의 디자인에 도전해 보도록 하자.

테이프의 붙이는 방향을 A와 B의 오른쪽으로 하고, 청색과 녹색의 두 색을 사용했다. A와 B를 같은 색깔로 그리고 청색과 녹색을 번갈아 사

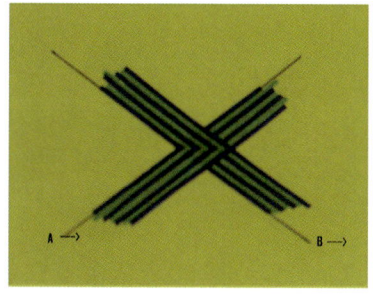
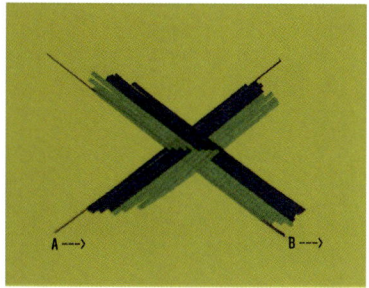

[세브론의 생성]   [분할 세브론]

용하며, A와 B의 사용 테이프의 수를 똑같이 하여 배열해 보면, 오른쪽으로 향하는 세브론 문양(>)이 생성된다는 것을 알 수 있다. 테이프가 교차하는 중앙에 왼쪽에서 오른쪽으로 하나의 교차 수평선이 형성되었다는 것을 잘 기억해 놓자. 나중에 테이프의 배열 수를 바꾸면 교차 수평선에 변화가 생기며, 테이프 붙이는 방향을 바꾸어 왼쪽으로 하면 왼쪽으로 향하는 세브론(<)이 생성된다.

● **색깔 변화에 의한 효과** : 이번에는 A와 B의 색깔을 다르게 해보자. 위와 같은 방향과 배열로 테이프를 붙여 나가면 도중에 색깔이 바뀐다. 이렇게 두 가지 색깔로 형성된 세브론을 분할 세브론(split chevron)이라고 한다. 각 색깔의 테이프를 하나씩 X 교차시켜 나가면, 중앙에 지그재그 형태의 교차 수평선이 생긴다. 테이프를 2개나 3개씩 같이 붙여 교차시키면 더 큰 지그재그 형태의 교차 수평선이 만들어진다. 항상 드러나는 색깔은 제일 바깥쪽에 붙여진 테이프 색깔이라는 것을 명심하도록 하자.

● **배열 수 변화에 의한 효과** : 앞에서 테이프의 색깔과 방향 변화에 따른 효과를 살펴보았다. 이제 여기서는 배열 수 변화에 따른 효과를 알아보기로 하자.

아래 그림에서 교차 수평선의 변화를 보자. 청색 테이프 1가닥을 먼저 붙이고 녹색 테이프 2가닥을 크로스시켰다. 즉 배열 수 1:2의 비율로 크로스한 것이다. 이렇게 배열 수 비율에 변화를 주면 교차 지점에서는 더 이상 수평선이 유지되지 않고, 그림에서와 같이 왼쪽으로부터 오른쪽으로 상향하는 사선이 나타난다. 배열 수 비율을 1:3으로 증가시켜 상향 사선의 기울기가 더욱 커지는 모습도 함께 나타냈다.

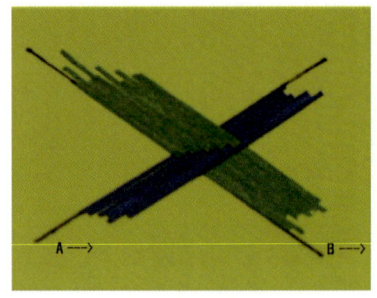

[1 : 2 분할 세브론]

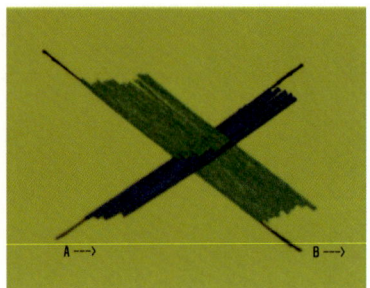

[1:3 분할 세브론]

● **곡선의 형성** : 중앙 교차 지점에서 곡선을 형성하려면, 배열 수 변화 비율을 점진적으로 바꾸어 나가면 된다. 즉 먼저 녹색 테이프 1가닥씩을 오른쪽으로 교차하고, 그 다음은 청색 테이프 1

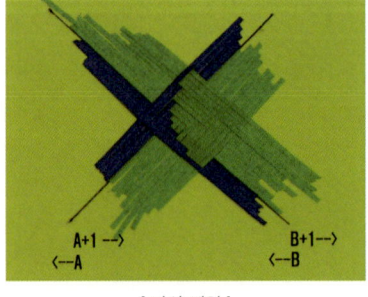

[피쉬 테일]

가닥씩을 왼쪽으로 교차하고, 다음에는 녹색 2가닥씩과 청색 1가닥씩 교차, 또 다음에는 녹색 3가닥씩과 청색 1가닥씩 교차…, 등과 같이 녹색의 배열 수를 크로스할 때마다 +1가닥씩 늘려 준다. 이렇게 크로스시켜 가면 교차 지점에 곡선을 형성할 수 있다. 이런 곡선 형태의 디자인을 피쉬 테일 패턴이라고 부르기도 한다. 배열 비율을 증가시키면 곡률이 더 커진다.

10-3 크로스 랩 디자인

다음에는 Back to Back 세브론을 예로 들어, 라인 테이프로 디자인한 크로스 랩 패턴을 읽는 방법을 알아보자. 아래의 Back to Back 세브론 문양은 A와 B의 2축으로 만들어져 있다. 패턴 디자인의 순서는,

[Back to Back]

1. A축의 오른쪽으로 청색 테이프 1가닥
2. B축의 오른쪽으로 청색 테이프 1가닥
3. A축의 오른쪽으로 녹색 테이프 1가닥
4. B축의 오른쪽으로 녹색 테이프 1가닥
  …,
5. A축의 왼쪽으로 녹색 테이프 1가닥
6. B축의 오른쪽으로 녹색 테이프 1가닥
7. A축의 왼쪽으로 청색 테이프 1가닥
8. B축의 왼쪽으로 청색 테이프 1가닥
  ….

이것을 보다 간단한 기호로 나타내면 AR→BR…, AL→BL…,과 같다. 여기서 R과 L은 Right(오른쪽)와 Left(왼쪽)의 진행 방향을 나타낸다. 이와 같은 간략한 기호로 아래에 몇 개의 크로스 랩 패턴을 나타냈다.

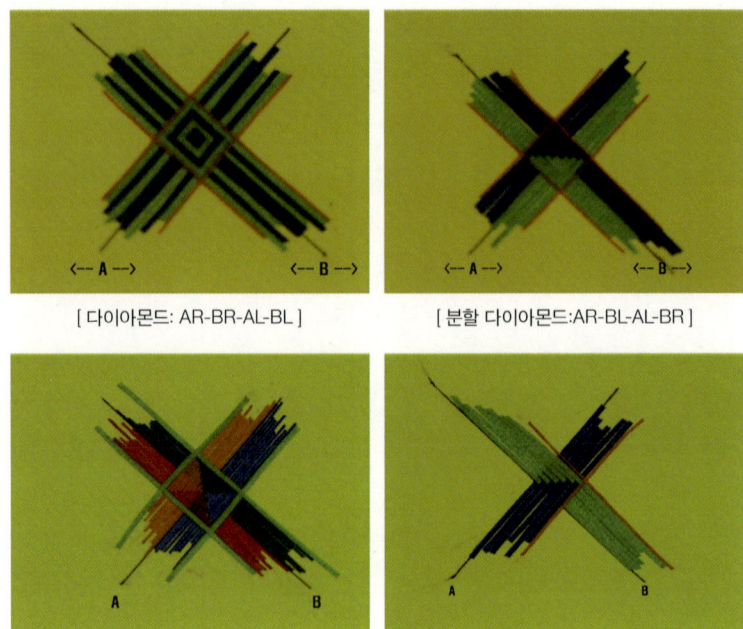

[다이아몬드: AR-BR-AL-BL]   [분할 다이아몬드:AR-BL-AL-BR]

[4분할 다이아몬드:AR-BR-BL-AL]   [3D 박스:AR-BR]

　　보기의 크로스 랩 패턴들을 원통형 물체에 테이프를 감아 실행해 보면, 세브론들은 서로 정반대의, 즉 0도와 180도의 두 방향에서 시작하여 나선으로 감겨 나가는 테이프들이 교차하면서 생성된다. 이렇게 2방향에서 시작하여 세브론이 형성되는 크로스 랩을 2축 크로스 랩이라고 한다. 이러한 2축의 기본 크로스 랩을 2중으로 하여 0, 90, 180, 270도의 4방향에서 시작하게 하면 4축 크로스 랩, 3중으로 하여 6방향에서 시작하게 하면 6축 크로스 랩이 되어 보다 정교한 크로스 랩 패턴이 만들어진다. 디자인한 문양을 라인 테이프로 크로스 랩을 하여 래핑 감각을 익힌 다음, 실제 래핑 사를 사용해 브랭크에 적용하면 크로스 랩 순서에 혼란이 없어진다.

[라인 테이프로 만든 3D 박스 랩]

10-4 크로스 랩의 실행

먼저 크로스 랩을 하는 방법부터 알아보자.

크로스 랩을 처음 시작할 때는 브랭크에 일정 간격을 표시한 후, 손으로 잡아 장력을 유지하며 실을 아래위로 나선형으로 감아 주는 것으로도 충분하다. 두꺼운 책갈피 사이로 실을 통과시켜 필요한 장력을 줄 수 있다. 실패는 넉넉한 크기의 컵이나 사발 혹은 마스킹 테이프의 테두리를 사용하면 실을 감을 때 실패가 도망가지 않는다. 금속 막대나 볼트 등으로 만든 실패꽂이가 있으면 가장 좋다. 실패꽂이에 스프링을 장착하면 실의 장력을 조정할 수 있다. 도구는 아니지만 브랭크를 손으로 잡고 작업할 경우, 브랭크를 자유롭게 이동할 수 있을 만한 넉넉한 공간을 필요로 한다. 2절대의 경우에는 그리 많은 공간을 차지하지 않지만, 1절대의 경우 길이가 길므로 넓은 공간이 필요하다.

[실패를 고정시키고 브랭크를 회전한다.]

10. 크로스 랩 디자인

또 다른 방법은 로드 지지대를 이용하는 것이다. 지지대를 사용하면 좁은 공간에서도 용이하게 작업할 수 있다. 지지대를 사용하여 크로스 랩을 할 때는, 실패를 한 손으로 잡고 다른 한 손으로 일정 간격이 표시된 브랭크를 지지대에서 회전시켜 작업한다. 나선 진행 방향에 따라 손을 바꾸어 가며 실패를 잡으면 된다. 즉 팁 쪽으로 나선을 만들 때는 팁에 가까운 쪽의 손을 사용하고, 버터 쪽으로 나선을 만들 때는 손을 바꾸어 버터 쪽에 가까운 쪽 손으로 실패를 잡는다. 실패를 적당한 세기로 잡아 실에 장력을 줄 수 있다. 몇 번 연습해 보면 어느 정도의 장력이 필요한지 알 수 있다. 실에 장력을 너무 많이 걸거나 너무 적게 걸면, 나중에 실을 정리 마감할 때 문제가 생길 수 있다. 래핑을 할 때 손을 깨끗이 하여 먼지나 기름때 등이 실에 묻지 않도록 하는 것도 중요하다.

버터 장식용으로 크로스 랩을 할 때는 너무 복잡한 문양을 선택하기보다 기본 문양을 선택하여 축 수를 잘 조정하는 것이 더욱 보기 좋을 때가 많다. 색상은 동색 계열을 조합하여 사용하면 세련되고 고급스러운 분위기를 연출할 수 있다.

[실패를 고정시키고 브랭크를 회전한다.]

줄무늬 물고기 크로스 랩

앞에서 소개한 기본 크로스 랩들을 결합하여 줄무늬 물고기 형상의 크로스 랩을 해보자. 크로스 랩의 각도를 30-40도 되도록 하고, A사를 사용할 경우 크로스 간격을 잡을 때 팁 쪽으로 갈수록 약 0.3mm씩 간격이 좁아지도록 하면, 배경색을 크로스할 때 팁 쪽 크로스 랩 부위에 공간이 생기는 것을 방지할 수 있다.

1. 검정색 실을 교차시켜 물고기 눈을 형성한다.
2. 물고기 눈이 되는 검정색 실 교차점을 물고기 몸통 색인 녹색 실을 사용하여 다이아몬드 랩을 하여 감싸고, 지느러미를 형성하는 빨강색 실로 오른쪽 방향으로 세브론 랩을 한다.
3. 오른쪽 방향으로 녹색 실의 세브론 랩을 7회 계속하여 물고기 머리와 몸통을 만들어 나간다. 이때 돌아 나오는 방향의 실을 녹색 실과 빨강색 실이 교대로 크로스하도록 하여 몸통에 빨강색의 줄무늬가 나타나게 한다.
4. 이제 물고기 꼬리를 형성하기 위해 3줄의 간격을 비워 놓고 바탕색인 검정색을 크로스하고, 검정색 실의 왼쪽으로 지느러미 색인 빨강색 실로 크로스하는 피쉬 테일 랩을 시작한다.
5. 4의 검정색 실의 오른쪽으로 검정색 실을 2회 크로스하고, 왼쪽으로는 빨강색 실을 1회 크로스한다.
6. 이번에는 검정색 실을 오른쪽으로 3회 크로스하고 빨강색 실을 왼쪽으로 1회 크로스하여, 꼬리와 지느러미를 만들어 물고기 형상을 완성한다.
7. 물고기 형상 주위로 배경색인 검정색으로 브랭크가 완전히 감추어질 때까지 다이아몬드 랩을 계속하여 줄무늬 물고기 크로스 랩을 완성한다.

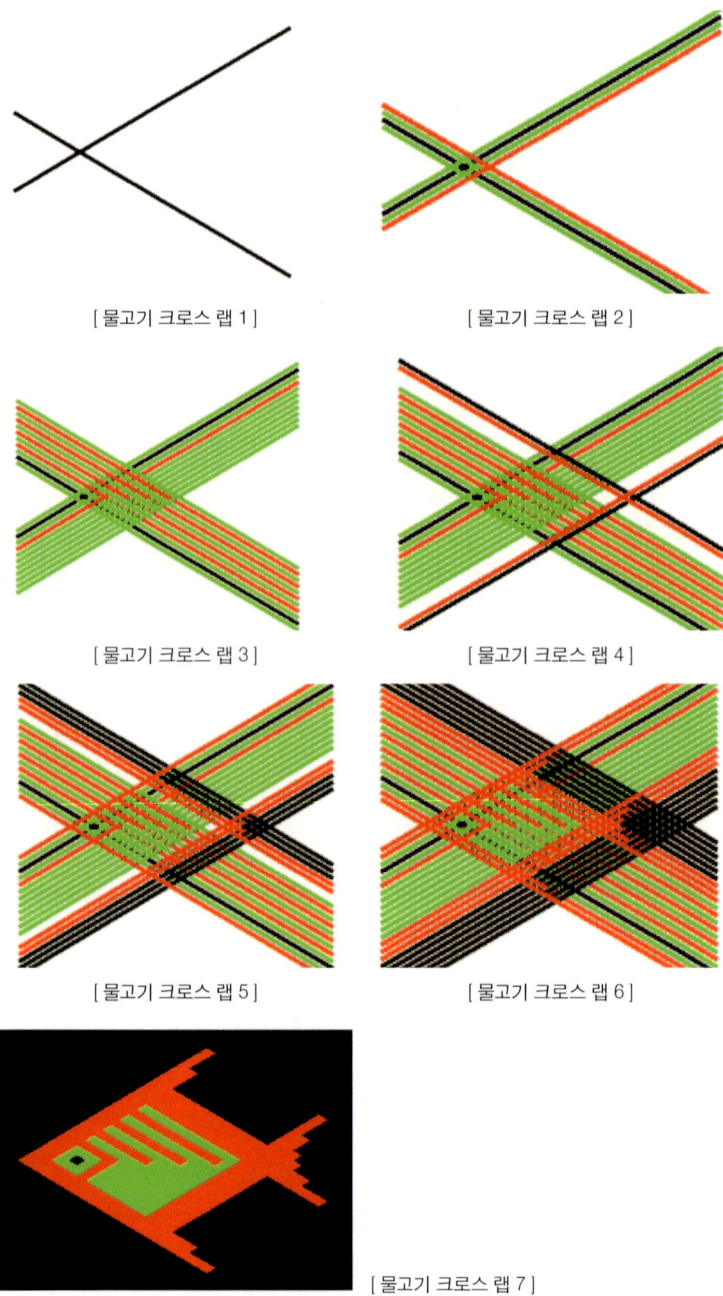

[물고기 크로스 랩 1]

[물고기 크로스 랩 2]

[물고기 크로스 랩 3]

[물고기 크로스 랩 4]

[물고기 크로스 랩 5]

[물고기 크로스 랩 6]

[물고기 크로스 랩 7]

11. 실의 예술 웨이빙

　웨이빙은 천을 짜듯 실을 사용하여 아름다운 그림이나 문양을 만드는 기술이다. 웨이빙 기술을 이용하면 거의 예술적 수준으로 낚싯대를 장식할 수 있다. 낚싯대 장식을 위한 웨이빙은 전적으로 수작업에 의해 이루어지는, 고도의 끈기와 집중력을 필요로 하는 고급 기술이다. 그러나 웨이빙 기법 자체는 날줄과 씨줄로 천을 짜는 방법과 같아서 그리 어렵지 않다. 어떤 노력의 결과로 보석 같은 작은 아름다움이 더해지면, 그것은 보는 순간마다 대단한 즐거움을 준다. 웨이빙으로 이러한 아름다움을 낚싯대에 더해 줄 수 있다.

11-1 웨이빙의 이해

웨이빙의 기본 기법을 먼저 이해하도록 하자. 다음을 따라해 보면 누구든지 쉽게 그 원리와 방법을 이해할 수 있으리라 생각된다. 두 색상의 실(바탕실 : 녹색, 패턴 실 : 흰색)과 브랭크, 마스킹 테이프를 준비하여 다음과 같이 따라해 보자.

1. 패턴 실을 브랭크와 나란히 하여 마스킹 테이프로 팽팽하게 고정하고, 바탕 실을 5-10회 패턴 실 위로 래핑한다.

[웨이빙의 이해 1]

2. 패턴 실의 오른쪽 부분을 왼쪽으로 옮겨 마스킹 테이프로 고정한다.

[웨이빙의 이해 2]

[웨이빙의 이해 3]

3. 바탕실을 래핑한다.

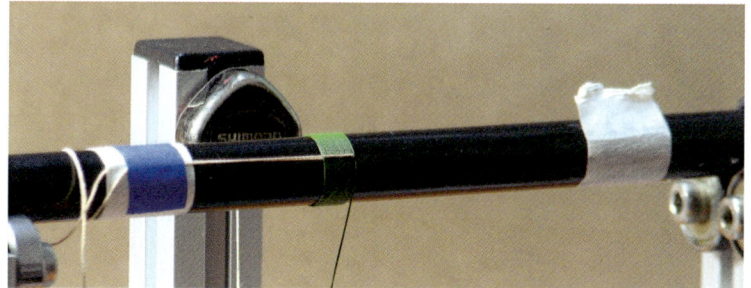

[웨이빙의 이해 4]

4. 3의 패턴 실을 다시 오른쪽으로 옮겨 마스킹 테이프로 팽팽하게 고정하고 바탕실을 래핑한다.

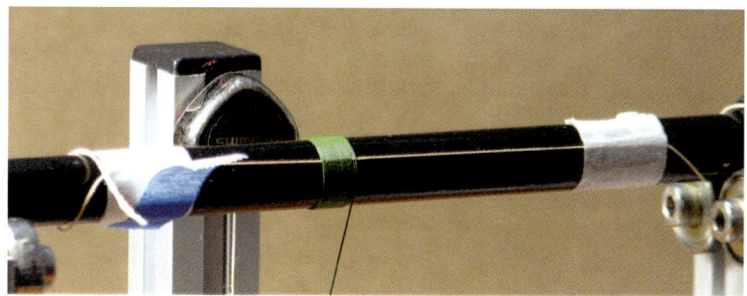

[웨이빙의 이해 5]

이러한 일련의 과정을 거치면 패턴 실의 색상이 바탕실 바깥으로 하나의 점으로 드러나게 된다. 이러한 점들을 어떤 패턴에 따라 나타나게 하는 일련의 작업이 바로 웨이빙이다. 이 과정은 날줄(세로 줄)과 씨줄(가로 줄)로 천을 짜는 것과 같다. 웨이빙(weaving)이 바로 '천을 짜다; 직조하다'라는 뜻이 아닌가? 웨이빙에서 바탕실은 날줄에 해당하고, 패턴 실은 씨줄에 해당한다. 아무리 복잡한 패턴이라도 위와 똑같은 과정을 거쳐서 만든다. 따라서 위 과정만 잘 이해하면 나머지는 숙련의 문제일 뿐 어려운 것은 없다.

● **웨이빙에 사용하는 용어** : 어떤 분야든 그 분야에서 사용하는 용어가 있다. 브랭크 웨이빙의 경우도 마찬가지다. 아래의 그림을 보고 사용하는 용어의 정확한 뜻을 알아 두자.

- **패턴 실**(design thread) : 패턴 형상을 형성하는 실
- **바탕실**(wrapping thread) : 패턴 형상의 바탕이 되는 실
- **직기**(loom, weaving jig) : 패턴 실을 오른쪽 혹은 왼쪽으로 순서에 따라 옮겨 정렬 고정하는 장치로서, 패턴 실을 고정할 수 있는 슬롯(slot)과 슬롯 번호가 매겨져 있다. 오른쪽 직기와 왼쪽 직기의 쌍으로 존재한다.
- **웨이빙**(weaving) : 패턴 실을 바탕실에 짜넣는 행위
- **패턴**(pattern) : 바둑판 같은 가로(행)와 세로(열) 격자 칸 내에 들어 있는 이미지 혹은 그림을 뜻한다. 격자 칸에서 행은 패턴 실 정렬 수를 나타내며, 열은 바탕실의 래핑 횟수를 나타낸다.
- **실루엣**(silhouette) : 바탕실에 대비되는 한 가지 색깔로 만든 웨이빙. 가장 간단한 웨이빙이다.

- **다중색상 웨이빙**(multi color weaving) : 패턴 실의 색깔을 2개 이상 사용하여 만든 웨이빙.
- **다층색상 웨이빙**(multi layer weaving; color change weaving) : 패턴 실을 여러 층으로 하여 서로 다른 색깔들이 번갈아 나타나게 만든 웨이빙.
- **왼쪽 목록**(left list) : 패턴 실을 바탕실 바깥으로 드러나게 하기 위해 왼쪽 직기에 꽂혀 있는 패턴 실의 번호.

[웨이빙 용어]

패턴(Pattern)의 보기

실루엣   다중색상 패턴   다층색상 패턴

11-2 왼쪽 목록 읽기

패턴의 형상은 패턴 실을 왼쪽 ↔ 오른쪽 직기로 이동시키며 웨이빙하여 짜넣는다. 이러한 패턴 실의 이동 순서를 나타낸 것이 왼쪽 목록이므로, 웨이빙을 할 때 왼쪽 목록을 잘 읽을 수 있어야 한다. 6X7 행렬의 T 패턴의 왼쪽 목록(left list)을 보기로 하여 왼쪽 목록을 읽어 보자.

왼쪽 목록(left list)

[1] Yellow(1-2)

[2] Yellow(1,7)

[3] Yellow(1-7)

[4] Yellow(1-7)

[5] Yellow(1,7)

[6] Yellow(1-2)

왼쪽 목록의 순서대로 ;

[1] 1에서 2행(1-2)까지의 노란색 패턴 실을 왼쪽 직기에 옮겨 고정하고 첫 번째[1] 바탕실을 래핑한다: (n-m)은 n에서 m행까지를 뜻한다.

[2] 1과 7행의(1,7) 노란색 패턴 실을 왼쪽 직기에 고정하고 두 번째 바탕실[2]을 래핑한다: (n,m)은 n과 m행의 패턴 실을 뜻한다. 여기서 반드시 알아 두어야 할 것은 왼쪽 목록에 나타나지 않는 패턴 실은 모두 오른쪽 직기에 고정되어 있으며 왼쪽 목록에 나타나지 않는다는 것이다.

[3] 1에서 7행(1-7)까지의 패턴 실을 왼쪽 직기에 고정하고 세 번째[3] 바탕실을 래핑한다.

[4] 네 번째[4] 바탕실을 래핑한다.

[5] 1과 7행의 패턴 실을 왼쪽 직기에 고정하고 [5]의 바탕실을 래핑한다.

[6] 1과 2행의 패턴 실을 고정하고 [6]의 바탕실을 래핑한다.

마지막으로 모든 패턴 실을 오른쪽 직기로 옮겨 꽂고, 필요한 만큼 래핑하여 래핑을 완료한다. 왼쪽 목록 읽기는 쉬우므로 잘 익혀서 웨이빙을 할 때 실수하지 않도록 하자.

11-3 웨이빙 준비

패턴과 왼쪽 목록이 있으면 이제 웨이빙을 할 수 있다. 웨이빙을 할 지점을 브랭크에 표시하고 웨이빙 준비를 해보자. 이때 마감 랩이나 장식 랩에 필요한 약 5cm 정도의 여유를 두어야 한다는 것을 잊어서는 안 된다.

● **직기의 장착** : 왼쪽 직기는 브랭크 내 웨이빙 시작점에서 왼쪽으로 약 10-15cm의 거리에, 그리고 오른쪽 직기는 시작점으로부터 오른쪽으로 약 25-30cm의 거리에 장착한다. 대략 작업자의 어깨 넓이 정도의 거리이다. 이 거리보다 짧거나 길면 웨이빙 작업이 힘들어질 수 있다. 직기를 장착할 때는 도안의 중심이 브랭크 상단에 오도록 정렬하여 단단히 고정해야 한다. 웨이빙 작업을 시작하면 패턴 실에 장력이 걸리므로, 단

단히 고정하지 않으면 웨이빙 작업 도중 직기가 느슨해지고 패턴 실들이 서로 꼬여 웨이빙 작업을 망칠 수 있다.

● **패턴 실의 장착** : 패턴 실을 직기와 브랭크에 장착할 때 실들이 흐트러지지 않도록 조심스럽게 해야 한다. 패턴 실의 장착은 패턴의 패턴 실 행의 중앙에 해당하는 실부터 먼저 한다. 예를 들어 30개의 패턴 실이 행을 이루는 패턴에서는 15번째 패턴 실이 행의 중앙에 해당한다. 패턴 실 장착을 순서대로 정리하면 다음과 같다.

1. 오른쪽 직기의 해당 슬롯에 패턴 실들을 꽂는다. 패턴의 중심이 낚싯대 상단에 오도록 위치를 잡아, 패턴 실들을 대략 20-30가닥 손으로 가지런히 잡고 실들의 순서가 바뀌지 않게 하여, 웨이빙 시작점보다 약 4-5cm 전방에 마스킹 테이프로 팽팽하게 중앙부에서부터 고정시켜 나간다.

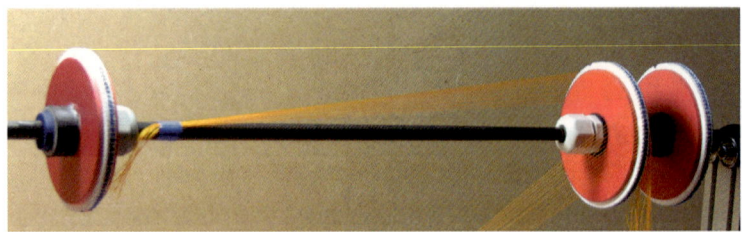

[패턴실의 장착 1]

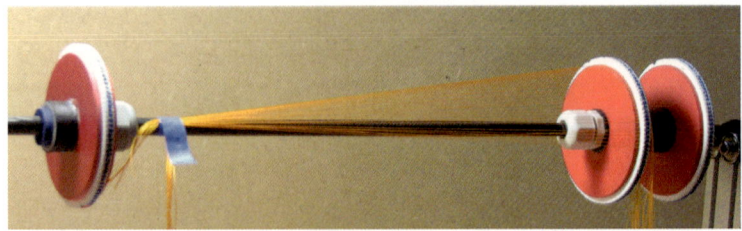

[패턴실의 장착 2]

2. 패턴 실이 모두 고정되었으면 실패에 실을 걸고, 약 1cm 정도 여유를 두고 약간의 장력을 주어 15-20회 래핑 마감하여 패턴 실을 실로 다시 단단히 고정시킨다. 이때 패턴 실들을 재정리하여 벌어진 틈이 없도록 촘촘히 정렬한다.

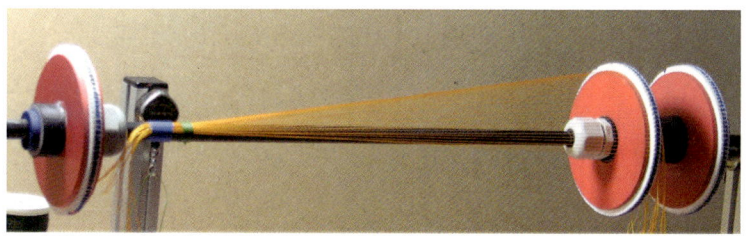

[패턴실의 장착 3]

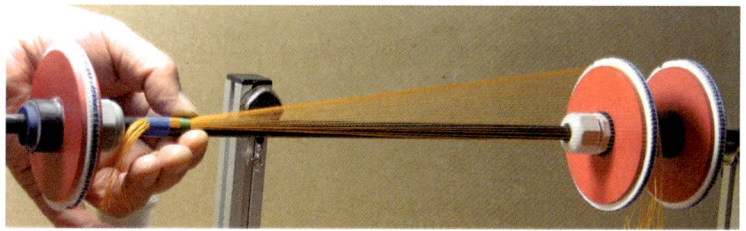

[패턴실의 장착 4]

3. 배경 실을 실패에 장착하고 약 1cm 간격을 두고 필요한 만큼 래핑하여 웨이빙 준비 작업을 완료한다.

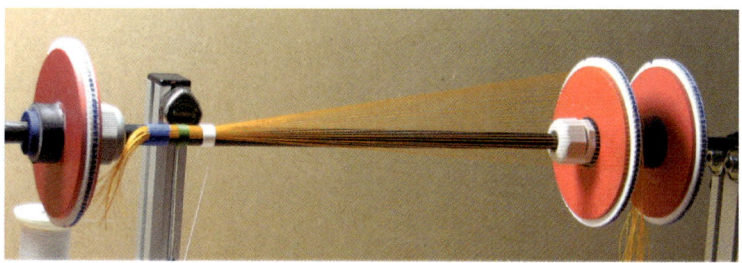

[패턴실의 장착 5]

[송곳으로 패턴실을 뽑아낸다.]

패턴 실은 정성들여 잘 정렬해야 한다. 패턴 실의 정렬이 잘못되면 작업이 힘들어지며 웨이빙을 마친 도안이 산만해진다. 이제 패턴 실의 장착이 끝났으니 웨이빙 준비가 끝났다.

필요한 도구는 직기로부터 패턴 실을 한 가닥씩 뽑아내고 웨이빙한 도안을 정리하는 용도로 사용할, 끝을 부드럽게 다듬은 송곳, 그리고 래핑 실 정리에 필요한 도구 등이다.

11-4 웨이빙의 실제

간단한 T 패턴을 예로 들어 실루엣, 다중색상, 그리고 다층색상 웨이빙을 실제로 해보자.

● **실루엣 웨이빙** : 이제 보기로 든 T 패턴을 이용하여 먼저 가장 간단한 실루엣 웨이빙부터 해보도록 하자. 패턴 실을 왼쪽-오른쪽, 혹은 오른쪽-왼쪽 직기로 옮겨 꽂을 때, 실이 늘어지지 않을 정도의 장력을 주어 꽂아야 한다. 너무 팽팽히 하면 바탕실이 밀리거나 직기가 느슨해져 실들이 엉켜서 웨이빙을 망칠 수 있다. 보기와 같이 실의 수가 적을 때는 큰 문제가 없지만, 50-80가닥의 실들이 모두 장력이 걸려 있을 때는

엄청난 힘이 작용한다는 것을 염두에 두도록 하자.

왼쪽 목록(left list)

[1] Yellow(1-2)

[2] Yellow(1,7)

[3] Yellow(1-7)

[4] Yellow(1-7)

[5] Yellow(1,7)

[6] Yellow(1-2)

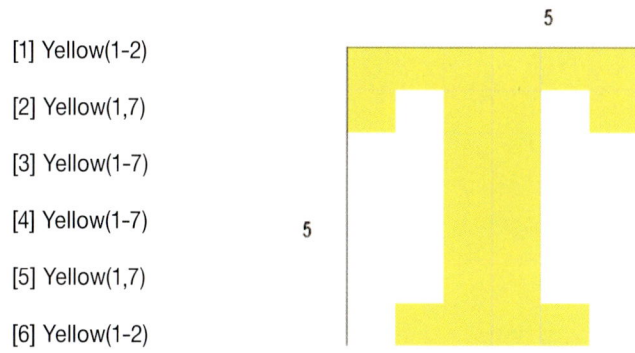

1. 패턴 실을 고정하고 바탕실을 10-15회 래핑한다.

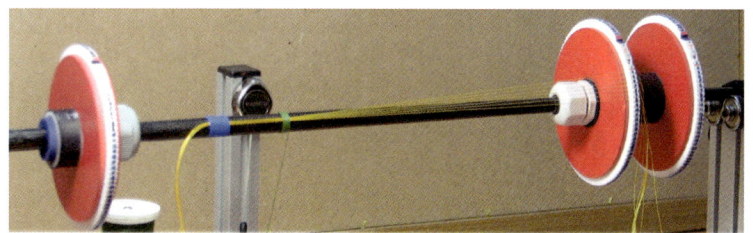

[실루엣 웨이빙 1]

2. [1] 오른쪽 직기의 1번과 2번 슬롯에 꽂혀 있는 패턴 실을 뽑아내어 왼쪽 직기의 1번과 2번 슬롯으로 옮겨 꽂고 바탕실을 1회 래핑한다.

[실루엣 웨이빙 2]

3. [2] 왼쪽 직기에 1번과 7번의 패턴 실을 꽂고, 2번 패턴 실은 오른쪽 직기로 원위치 시키고 바탕실을 1회 래핑한다.

[실루엣 웨이빙 3]

4. [3][4] 왼쪽 직기에 1-7번의 패턴 실을 모두 꽂은 다음 바탕실을 2회 래핑한다.

[실루엣 웨이빙 4]

5. [5] 왼쪽 직기에 1번과 7번의 패턴 실만 남겨 놓고, 2-6번의 패턴 실을 모두 오른쪽 직기로 원위치하고 바탕실을 1회 래핑한다.

[실루엣 웨이빙 5]

6. [6] 왼쪽 직기에 1번과 2번 패턴 실을 꽂고 바탕실을 1회 래핑한다.

[실루엣 웨이빙 6]

7. 1번과 2번 실을 오른쪽 직기에 원위치하고, 바탕실을 필요한 만큼 래핑하여 마감하면 노란색 T 패턴 실루엣의 웨이빙이 완료된다.

[실루엣 웨이빙 7]

● **다중색상 웨이빙** : 이제 T 패턴에 오렌지색을 넣어 다중색상 패턴을 만들고 웨이빙을 해보자.

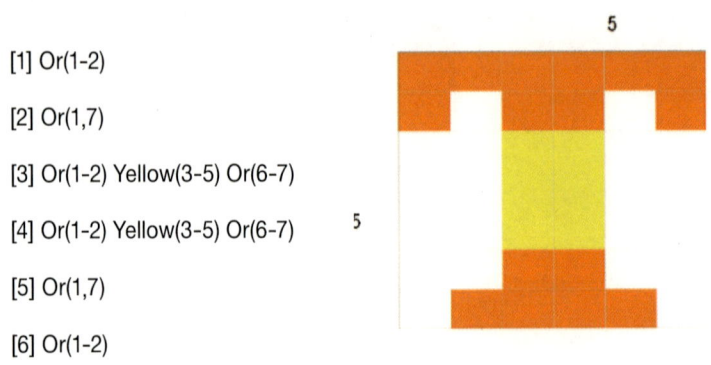

왼쪽 목록(left list)

[1] Or(1-2)

[2] Or(1,7)

[3] Or(1-2) Yellow(3-5) Or(6-7)

[4] Or(1-2) Yellow(3-5) Or(6-7)

[5] Or(1,7)

[6] Or(1-2)

다중색상 T 패턴의 패턴 실은 다음과 같이 배열되어 있다. 1-2 행은 오렌지색, 3-5 행은 노란색, 그리고 6-7행은 오렌지색의 순서이다. 오른쪽 직기에 이와 같은 순서로 오렌지색과 노란색 패턴 실을 꽂은 후 패턴 실을 브랭크에 고정하고, 패턴과 왼쪽 목록에 따라 웨이빙을 한다. 다만 패턴 실의 색깔이 하나 더 늘어났을 뿐, 웨이빙하는 방법은 앞의 실루엣 웨이빙과 똑같다. 아래의 그림 순서에 따라 다중 색상 T 패턴 웨이빙을 해보자.

1. [1], [2], [3], [4], [5]까지 실루엣 웨이빙과 같이 한다.

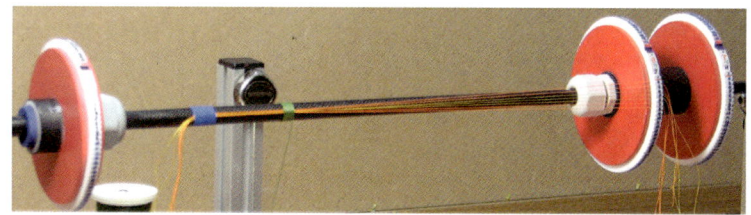

[다중색상 웨이빙 1]

[다중색상 웨이빙 2]

[다중색상 웨이빙 3]

[다중색상 웨이빙 4]

[다중색상 웨이빙 5]

2. 이제 거의 다 됐다. 1번과 2번의 패턴 실을 왼쪽 직기에 꽂고 바탕실을 1회 래핑하고, 왼쪽 직기의 실들을 모두 오른쪽 직기로 옮겨 꽂은 후 바탕실을 필요한 만큼 래핑하여 마감하면, 노란색과 오렌지색의 다중색상 T 패턴 웨이빙이 완료된다.

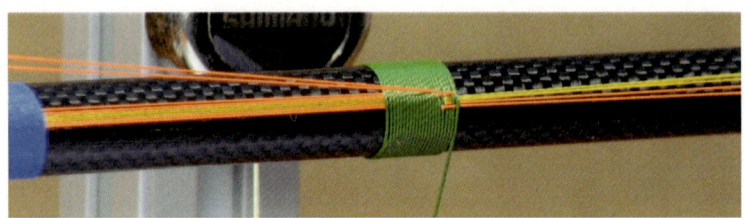

[다중색상 웨이빙 6]

[다중색상 웨이빙 7]

● **다층색상 웨이빙** : T 패턴을 다음과 같이 바꾸면 노란색과 오렌지색이 번갈아 나타나는 다중색상 패턴이 된다.

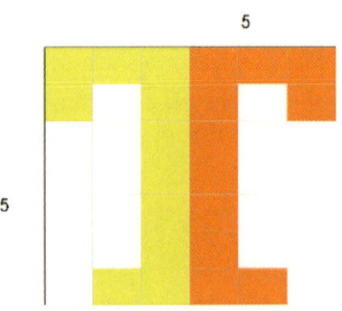

왼쪽 목록(left list)

[1] Yellow(1-2)

[2] Yellow(1,7)

[3] Yellow(1-7)

[4] Or(1-7)

[5] Or(1,7)

[6] Or(1-2)

다층색상 웨이빙은 패턴 실이 색깔별로 층을 이루어 패턴 실 행에 존재하는 가장 고난도의 웨이빙이다. 오렌지색 패턴 실 1-7행, 그리고 노란색 패턴 실 1-7행을 오른쪽 직기에 꽂고 정렬하여 브랭크에 층으로 고정하여 시작한다. 패턴 실의 층을 결정할 때 패턴을 잘 보고 가장 많이 사용하는 색상이나 먼저 사용하는 색상의 패턴 실을 맨 위층에 오도록 배열하면 작업을 보다 편하게 할 수 있다. 패턴 실이 층을 이루고 있어서 실루엣 웨이빙보다 패턴 실을 오른쪽-왼쪽, 왼쪽-오른쪽으로 옮기는 과정이 조금 더 어렵다.

1. [1], [2], [3]을 실루엣 웨이빙과 같이 한다.

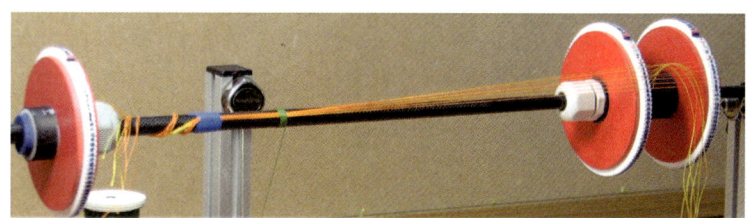

[다층색상 웨이빙 1]

[다층색상 웨이빙 2]

[다층색상 웨이빙 3]

[다층색상 웨이빙 4]

2. [4]에서 패턴 실의 층이 노란색에서 오렌지색으로 바뀐다. 1-7행의 노란색 패턴 실을 모두 오른쪽 직기로 옮겨 꽂고, 오렌지색 패턴 실 1-7행을 오른쪽 직기로부터 왼쪽 직기로 옮겨 바탕실을 1회 래핑한다.

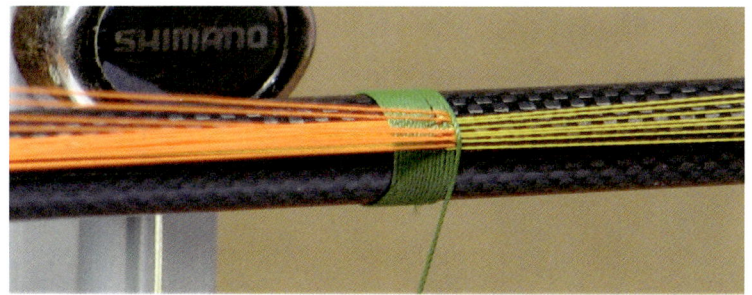

[다층색상 웨이빙 5]

3. 왼쪽 목록 [5], [6]을 웨이빙한 후, 왼쪽 직기의 실들을 모두 오른쪽 직기로 옮겨 꽂고 바탕실을 필요한 만큼 래핑, 마감하여 노란색과 오렌지색의 다층색상 T 패턴 웨이빙을 완료한다.

[다층색상 웨이빙 6]

[다층색상 웨이빙 7]

[다층색상 웨이빙 8]

●**마무리** : 웨이빙을 완료하면 직기에 연결된 패턴 실들을 10-15가닥씩 길게 절단하면서 두세 번씩 팽팽하고 세게 당겨 준다. 이렇게 함으로써 느슨하게 웨이빙된 부분들이 탄탄하게 정리된다. 완성한 웨이빙을 롤러 혹은 스테인리스 봉 등, 표면이 단단하면서 매끄러운 원통형 물체로 압력을 가하며 여러 방향으로 롤링하여, 웨이빙 표면을 납작하게 평평히 정리해 주는 것도 중요하다. 롤링을 하면 산만하게 웨이빙된 부분이 제자리를 찾는다. 표면을 문지르면 안 된다. 표면을 문지르면 웨이빙의 일부가 밀려나거나 인접한 패턴 실들끼리 뭉치게 된다.

[층이 지게 잘라낸다]

웨이빙의 정리를 끝내면 패턴 실을 말단 약 1cm를 남기고 자른 다음 장식 마감 랩을 한다. 마감 랩을 할 때는 말단에 남겨둔 패턴 실들을 층이 지게 잘라 내어 마무리 랩에 굴곡이 지지 않게 한다.

마감 랩도 중요하다. 마감 랩의 색깔이나 장식 효과에 따라 웨이빙의 완성도가 차이난다. 이는 마치 그림의 액자와 같아서, 아무리 그림이 좋아도 액자가 볼품없으면 그림이 살아나지 않는 것과 같은 이치이다.

rooster

57 Pattern Threads

47 Wrapping Turns

Red : 3-56

Orange : 4-23, 27-31

Brown : 5-56

#Wrapping Thread(Background)=001 black

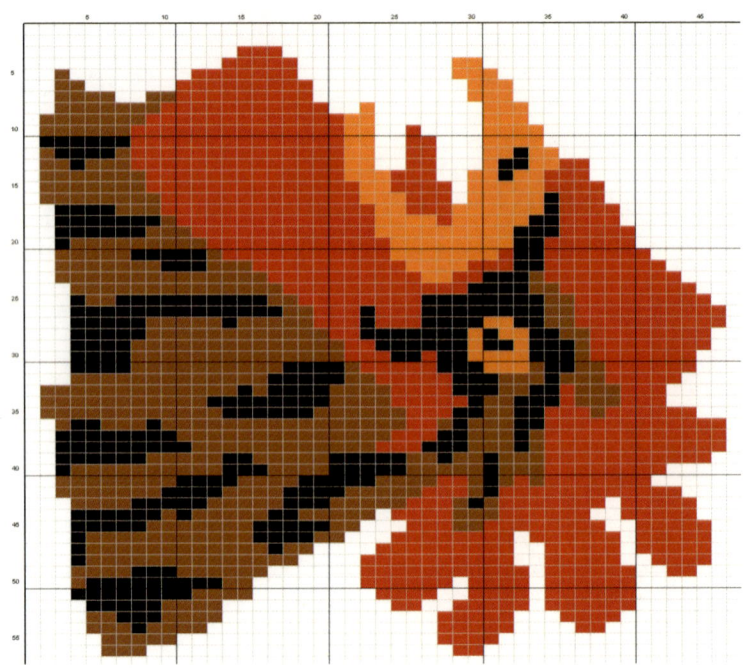

[1]

[2] Ch_ncp(9-10, 12-16, 33-35)

[3] Ch_ncp(5-10, 13-16, 21-23, 33-36, 41-42)

[4] Ch_ncp(6-10, 14-16, 20-24, 32-35, 40-43, 49-50)

[5] Ch_ncp(7-10, 13-16, 20-25, 32-35, 40-43, 46-49, 53-54)

[6] Ch_ncp(7-10, 13-16, 20-25, 32-36, 40-43, 46-49, 53-56)

[7] Ch_ncp(8-10, 12-17, 20-24, 32-36, 40-43, 46-49, 54-56)

[8] Ch_ncp(8-9) CA_ncp(10-13) Ch_ncp(14-17, 20, 22-24, 29-36, 40-42, 46-48, 55-56)

[9] Ch_ncp(7-8) CA_ncp(9-15) Ch_ncp(16-17, 19-20, 22-24, 27-35, 39-42, 45-48, 54-55)

[10] Ch_ncp(7) CA_ncp(8-17) Ch_ncp(18-20, 23-24, 27-36, 39-41, 44-48, 52-55)

[11] CA_ncp(6-18) Ch_ncp(19-20, 23-24, 27-37, 39-40, 45-49, 52-54)

[12] CA_ncp(5-19) Ch_ncp(20, 23-24, 27-40, 44-49, 51-54)

[13] CA_ncp(5-20) Ch_ncp(21-24, 27-33, 35-40, 43-49, 51-53)

[14] CA_ncp(4-21) Ch_ncp(22-24, 28-33, 36-38, 42-51)

[15] CA_ncp(3-21) Ch_ncp(22-24, 27-32, 36-38, 41-51)

[16] CA_ncp(3-22) Ch_ncp(23-24, 27-33, 36-39, 41-44, 47-49)

[17] CA_ncp(3-23) Ch_ncp(24-25, 27-31, 36-43, 48)

[18] CA_ncp(4-24) Ch_ncp(25-30, 36-41, 47-48)

[19] CA_ncp(6-25) Ch_ncp(26-30, 36-40, 44, 47)

[20] CA_ncp(8-27) Ch_ncp(28-30, 35-40, 44, 46)

[21] CA_ncp(9-28) Ch_ncp(29-30, 33-38, 43-46)

[22] Or(9-14) CA_ncp(15-30) Ch_ncp(31-38, 42-45)

[23] Or(8-16) CA_ncp(17-25, 29-31) Ch_ncp(32-38, 42-44) CA_ncp(48-50)

[24] Or(14-19) CA_ncp(20-27, 30-32) Ch_ncp(33-37) CA_ncp(38) Ch_ncp(41-43) CA_ncp(47-51)

[25] CA_ncp(14-15) Or(16-21) CA_ncp(22-27, 31-34) Ch_ncp(35-36) CA_ncp(37-38) Ch_ncp(41-43) CA_ncp(44, 46-52)

[26] CA_ncp(10-17) Or(18-22) CA_ncp(23-27, 31-38) Ch_ncp(39-42) CA_ncp(43-52)

[27] CA_ncp(11-17) Or(18-23) CA_ncp(24, 30-37) Ch_ncp(39-41) CA_ncp(42-51)

[28] CA_ncp(15-18) Or(19-23) CA_ncp(24, 32-35) Ch_ncp(36, 40) CA_ncp(41-50, 53-55)

[29] Or(4-5,17-22) CA_ncp(23-24, 34) Ch_ncp(39-40) CA_ncp(41-42) Ch_ncp(43-45) CA_ncp(46-49, 52-56)

[30] Or(4-7, 14-21) CA_ncp(22-23) Or(28-30) Ch_ncp(36-42, 44-45) CA_ncp(46-56)

[31] Or(5-21) CA_ncp(22) Or(27, 30-31) Ch_ncp(34-38, 43-44) CA_ncp(45-55)

[32] Or(6-12, 15-20) CA_ncp(21-22) Or(27-28, 30-31) Ch_ncp(32-41) CA_ncp(42-54)

[33] Or(8-11, 14-18, 28-31) Ch_ncp(32-33, 39-40) CA_ncp(41-45, 49-52)

[34] Or(10-17) Ch_ncp(23-24, 31-32, 37-41) CA_ncp(42-46)

[35] Or(12-13) CA_ncp(14-15, 20-23) Ch_ncp(24-27) CA_ncp(35-52)

[36] CA_ncp(13-24) Ch_ncp(25-28, 32) CA_ncp(33-53)

[37] CA_ncp(13-27) Ch_ncp(28-34) CA_ncp(35-54)

[38] CA_ncp(15-30) Ch_ncp(31-35) CA_ncp(36-43, 45-54)

[39] CA_ncp(17-32) Ch_ncp(33-34) CA_ncp(35-42, 46-53)

[40] CA_ncp(19-44, 49-52)

[41] CA_ncp(21-47)

[42] CA_ncp(22-40, 42-48)

[43] CA_ncp(23-32, 35-39, 42-49)

[44] CA_ncp(24-31, 35-39, 43-49)

[45] CA_ncp(25-29, 36-39, 45-48)

[46] CA_ncp(26-27, 36-38)

[47]

Bass

55 Pattern Threads

103 Wrapping Turns

Wrapping Thread(Background)=001 black

Orange=3-52

Green=7-51

White=14-53

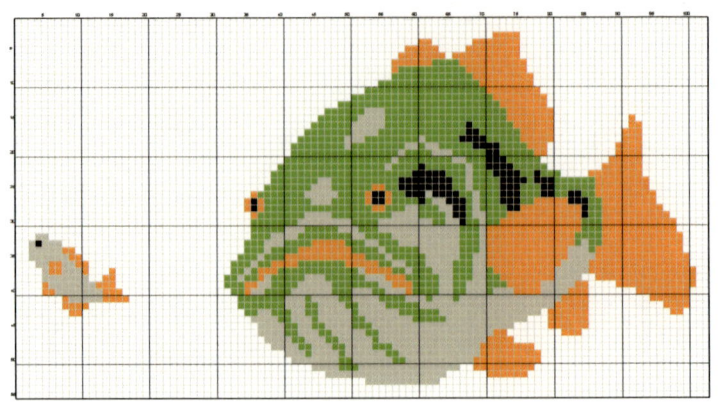

[1]

[2]

[3] MG_n(33-35)

[4] MG_n(32,34-36)

[5] MG_n(32-38) Or_ncp(39-40)

[6] MG_n(33-35) Or_ncp(36-37) MG_n(38-39) Or_ncp(40)

[7] MG_n(33-35) Or_ncp(36-37) MG_n(38-40)

[8] Or_ncp(34) MG_n(35-40) Or_ncp(41-42)

[9] Or_ncp(34-35) MG_n(36-41) Or_ncp(42-43)

[10] Or_ncp(35-36) MG_n(37-41) Or_ncp(42-43)

[11] Or_ncp(36-37) MG_n(38-41) Or_ncp(42)

[12] MG_n(39-41)

[13] Or_ncp(39) MG_n(40-41)

[14] Or_ncp(38-41)

[15] Or_ncp(37-41)

[16] Or_ncp(40-41)

[17] Or_ncp(41)

[18]

[19]

[20]

[21]

[22]

[23]

[24]

[25]

[26]

[27]

[28]

[29]

[30]

[31]

[32] MG_ncp(38-39)

[33] MG_ncp(36-40)

[34] MG_ncp(35-37) MG_n(38) MG_ncp(39-42)

[35] Or_ncp(27-28) MG_ncp(33-36) MG_n(37) MG_ncp(38) Or_ncp(39-40)

   MG_ncp(41-43)

[36] Or_ncp(26,29) MG_ncp(30-35) MG_n(36) MG_ncp(37-38) Or_ncp(39) MG_n(40) MG_ncp(41-43) MG_n(44)

[37] MG_ncp(26) Or_ncp(27-28) MG_ncp(29-34) MG_n(35) MG_ncp(36) Or_ncp(37-38) MG_n(39-40) MG_ncp(41-42) MG_n(43-46)

[38] MG_ncp(25-32) MG_n(33-34) MG_ncp(35-36) Or_ncp(37) MG_n(38-39) MG_ncp(40-42) MG_n(43-47)

[39] MG_ncp(23-31) MG_n(32-33) MG_ncp(34-35) Or_ncp(36-37) MG_ncp(38-43) MG_n(44-48)

[40] MG_ncp(22-31) MG_n(32-33) MG_ncp(34-35) Or_ncp(36) MG_ncp(37-44) MG_n(45-48)

[41] MG_ncp(21-30) MG_n(31-32) MG_ncp(33-34) Or_ncp(35-36) MG_ncp(37-40) MG_n(41-42) MG_ncp(43-46) MG_n(47-49)

[42] MG_ncp(19-30) MG_n(31-32) MG_ncp(33-34) Or_ncp(35-36) MG_ncp(37-39) MG_n(40-44) MG_ncp(45-47) MG_n(48-50)

[43] MG_ncp(18-29) MG_n(30-31) MG_ncp(32-33) Or_ncp(34-35) MG_ncp(36-38) MG_n(39-46) MG_ncp(47-48) MG_n(49-50)

[44] MG_ncp(17-25) MG_n(26) MG_ncp(27-28) MG_n(29-30) MG_ncp(31-33) Or_ncp(34-35) MG_ncp(36-37) MG_n(38-40) MG_ncp(41-43) MG_n(44-47) MG_ncp(48-49) MG_n(50)

[45] MG_ncp(16-24) MG_n(25-27) MG_ncp(28) MG_n(29-30) MG_ncp(31-32) Or_ncp(33-35) MG_ncp(36-37) MG_n(38-41) MG_ncp(42-45) MG_n(46-51)

[46] MG_ncp(15-23) MG_n(24-27) MG_ncp(28) MG_n(29-30) MG_ncp(31-

32) Or_ncp(33-35) MG_ncp(36-37) MG_n(38-44) MG_ncp(45-46) MG_n(47-51)

[47] MG_ncp(14-23) MG_n(24-27) MG_ncp(28) MG_n(29-30) MG_ncp(31-32) Or_ncp(33-35) MG_ncp(36-38) MG_n(39-45) MG_ncp(46-47) MG_n(48-52)

[48] MG_ncp(14-25) MG_n(26) MG_ncp(27-29) MG_n(30) MG_ncp(31-32) Or_ncp(33-35) MG_ncp(36-40) MG_n(41-46) MG_ncp(47-48) MG_n(49-52)

[49] MG_ncp(13-29) MG_n(30-31) MG_ncp(32) Or_ncp(33-35) MG_ncp(36-41) MG_n(42-47) MG_ncp(48-51) MG_n(52)

[50] MG_ncp(13-17) MG_n(18-19) MG_ncp(20-29) MG_n(30-31) MG_ncp(32-33) Or_ncp(34-36) MG_ncp(37-42) MG_n(43-49) MG_ncp(50-51) MG_n(52)

[51] MG_ncp(12-15) MG_n(16-18) MG_ncp(19-30) MG_n(31-32) MG_ncp(33-34) Or_ncp(35-36) MG_ncp(37-39) MG_n(40-41) MG_ncp(42-45) MG_n(46-50) MG_ncp(51) MG_n(52)

[52] MG_ncp(12-14) MG_n(15-18) MG_ncp(19-31) MG_n(32) MG_ncp(33-34) Or_ncp(35-36) MG_n(37) MG_ncp(38-39) MG_n(40-43) MG_ncp(44-45) MG_n(46-52)

[53] MG_ncp(11-13) MG_n(14-17) MG_ncp(18-25) Or_ncp(26-27) MG_ncp(28-32) MG_n(33) MG_ncp(34-35) Or_ncp(36-37) MG_n(38) MG_ncp(39) MG_n(40-44) MG_ncp(45-46) MG_n(47-53)

[54] MG_ncp(11-13) MG_n(14-17) MG_ncp(18-24) Or_ncp(25,28) MG_

ncp(29-32) MG_n(33) MG_ncp(34-35) Or_ncp(36-37) MG_n(38) MG_ncp(39-40) MG_n(41-45) MG_ncp(46-48) MG_n(49-53)

[55] MG_ncp(10-13) MG_n(14-16) MG_ncp(17-24) Or_ncp(25,28) MG_ncp(29) MG_n(30-31) MG_ncp(32-33) MG_n(34) MG_ncp(35-36) Or_ncp(37) MG_n(38-39) MG_ncp(40-41) MG_n(42-47) MG_ncp(48) MG_n(49-53)

[56] MG_ncp(10-21) MG_n(22) MG_ncp(23-25) Or_ncp(26-27) MG_ncp(28-29) MG_n(30-31) MG_ncp(32-34) MG_n(35) MG_ncp(36) Or_ncp(37-38) MG_n(39-40) MG_ncp(41-42) MG_n(43-47) MG_ncp(48-49) MG_n(50-53)

[57] Or_ncp(7-8) MG_ncp(9-20) MG_n(21) MG_ncp(22-28) MG_n(29-32) MG_ncp(33-35) MG_n(36) MG_ncp(37) Or_ncp(38-39) MG_n(40) MG_ncp(41-42) MG_n(43-48) MG_ncp(49-50) MG_n(51-53)

[58] Or_ncp(6-7) MG_ncp(8-19) MG_n(20) MG_ncp(21-23,26-28) MG_n(29-33) MG_ncp(34-35) MG_n(36) MG_ncp(37) Or_ncp(38-39) MG_n(40) MG_ncp(41-43) MG_n(44-49) MG_ncp(50) MG_n(51-53)

[59] Or_ncp(5-7) MG_ncp(8-18) MG_n(19) MG_ncp(20-23,27) MG_n(28-33) MG_ncp(34-36) MG_n(37) MG_ncp(38) Or_ncp(39-40) MG_n(41) MG_ncp(42-43) MG_n(44-53)

[60] Or_ncp(5-7) MG_ncp(8-18) MG_n(19) MG_ncp(20-22,27) MG_n(28-33) MG_ncp(34-40) MG_n(41) MG_ncp(42-44) MG_n(45-53)

[61] Or_ncp(4-7) MG_ncp(8-17) MG_n(18) MG_ncp(19-21,28-29) MG_n(30-34) MG_ncp(35-40) MG_n(41-42) MG_ncp(43-44) MG_n(45-

53)

[62] Or_ncp(4-7) MG_ncp(8-18) MG_n(19) MG_ncp(20-22) MG_n(26) MG_ncp(27-29) MG_n(30-36) MG_ncp(37-41) MG_n(42) MG_ncp(43-44) MG_n(45-53)

[63] Or_ncp(5-6) MG_ncp(7-18) MG_n(19-20) MG_ncp(21-22) MG_n(27) MG_ncp(28-30) MG_n(31-37) MG_ncp(38-40) MG_n(41-42) MG_ncp(43-44) MG_n(45-53)

[64] Or_ncp(6) MG_ncp(7-19) MG_n(20) MG_ncp(21-22) MG_n(27-28) MG_ncp(29-30) MG_n(31-43) MG_ncp(44) MG_n(45-52)

[65] MG_ncp(7-19) MG_n(20) MG_ncp(21-23) MG_n(28-51)

[66] Or_ncp(6) MG_ncp(7-20) MG_n(21) MG_ncp(22-25) MG_n(30-35) MG_ncp(36-41) MG_n(42-51)

[67] Or_ncp(6-7) MG_ncp(8-17,19-20) MG_n(21) MG_ncp(22-26,31-40) MG_n(41-50)

[68] Or_ncp(5-8) MG_ncp(9-15,19-21) MG_n(22-25) MG_ncp(26-38) MG_n(39-50)

[69] Or_ncp(4-9) MG_ncp(10-16,20-25) MG_n(26-29) MG_ncp(30-34) MG_n(35-49) Or_ncp(50-51)

[70] Or_ncp(4-10) MG_ncp(11-17,20-28) MG_n(29-47) Or_ncp(48-51)

[71] Or_ncp(4-11) MG_ncp(12-18,23-30) Or_ncp(31-36) MG_ncp(37-40) MG_n(41-46) Or_ncp(47-52)

[72] Or_ncp(3-12) MG_ncp(13-18,24-30) Or_ncp(31-37) MG_ncp(38-39) MG_n(40-45) Or_ncp(46-52)

[73] Or_ncp(3-13) MG_ncp(14-20,28-29) Or_ncp(30-38) MG_ncp(39) MG_n(40-45) Or_ncp(46-52)

[74] Or_ncp(3-15) MG_ncp(16-21) Or_ncp(29-39) MG_n(40-45) Or_ncp(47-52)

[75] Or_ncp(3-16) MG_ncp(17-22) Or_ncp(29-40) MG_n(41-44) Or_ncp(48-52)

[76] Or_ncp(7-18) MG_ncp(19-23,25-27) Or_ncp(28-40) MG_n(41-44) Or_ncp(48-52)

[77] Or_ncp(9-19) MG_ncp(20-27) Or_ncp(28-40) MG_n(41-43) Or_ncp(48-51)

[78] Or_ncp(11-20) MG_ncp(21-22,25-26) Or_ncp(27-40) MG_n(41-43) Or_ncp(49-50)

[79] Or_ncp(12-20) MG_ncp(22-23) Or_ncp(27-38) MG_n(39-42)

[80] Or_ncp(14-18) MG_ncp(23) Or_ncp(27-38) MG_n(39-42) Or_ncp(43-45)

[81] MG_ncp(23-26) Or_ncp(27-36) MG_n(37-41) Or_ncp(42-45)

[82] MG_ncp(24-26) Or_ncp(27-35) MG_n(36-40) Or_ncp(41-46)

[83] MG_ncp(24-25) Or_ncp(28-33) MG_n(34-39) Or_ncp(40-46)

[84] MG_ncp(24-25) Or_ncp(28-31) MG_ncp(32-33) MG_n(34-38) Or_ncp(39-46)

[85] MG_ncp(24-26,30-32) MG_n(33-37) Or_ncp(39-45)

[86] Or_ncp(23) MG_ncp(24-34) MG_n(35) Or_ncp(36-37)

[87] Or_ncp(23-26) MG_ncp(27-33) Or_ncp(34-38)

[88] Or_ncp(22-38)

[89] Or_ncp(21-38)

[90] Or_ncp(19-39)

[91] Or_ncp(17-39)

[92] Or_ncp(15-39)

[93] Or_ncp(16-40)

[94] Or_ncp(24-40)

[95] Or_ncp(26-41)

[96] Or_ncp(28-41)

[97] Or_ncp(29-42)

[98] Or_ncp(30-43)

[99] Or_ncp(32-43)

[100] Or_ncp(35-42)

[101] Or_ncp(37-39)

[102]

[103]

12. 낚싯대 유형별 빌딩

　모든 종류의 낚시를 개인이 다 경험해 볼 수는 없다. 마찬가지로 한 로드 빌더가 모든 종류의 낚싯대를 다 제작해 볼 수도 없다. 그러나 경험이 없다고 해서 어떤 특별한 종류의 낚싯대를 만들지 못할 이유는 없다. 여기 Rod Maker Magazine에서 추천한, 각 분야에서 최고로 여겨지고 있는 로드 빌더들이 사용하는 몇 가지의 유형별 낚싯대 만드는 법이 소개되어 있다. 망설이지 말고 따라해 보면 거의 평생 동안 생각하고 시험하고 만들어 보고 개량해 온 로드 빌더들의 지식을 만나 볼 수 있을 것이다.

12-1 UL(Ultra-Light) 대

바다, 호수, 강, 하천, 어디를 가더라도 큰 물고기보다는 작은 물고기가 훨씬 더 많다. 큰 물고기를 몇 마리 잡는 것보다 많은 수의 작은 물고기를 잡는 것이 더 쉽다. 낚시채비를 작은 물고기에 맞추면 큰 물고기를 잡는 것만큼 재미있으며, 보다 자주 물고기와 파이팅을 즐길 수 있다. 낚시점에 가면 많은 UL 낚싯대들을 볼 수 있다. 약 2-6파운드의 낚싯줄을 사용하여 가벼운 루어를 던지는 낚싯대이다. 이들은 대부분 비슷하다. 코르크 손잡이, 부드럽고 잘 휘는 브랭크, 4-5개 정도의 가이드 등이다.

얼핏 생각하면 이런 낚싯대를 사용하여 작은 물고기를 잡는 사람들은 낚싯대에 별로 투자하지 않을 것 같은 느낌이 든다. 과연 그럴까? 설불리 판단하면 안 된다. UL 낚싯대와 작은 릴들을 구입하는 낚시인들 중 상당수는 배스, 연어, 청새치, 참치 등을 쫓는 낚시인들만큼 낚시에 헌신적이며 열성을 가지고 있다. 그들은 진정한 의미에서의 고품질, 고효율의 UL 낚싯대를 찾고 있다.

● **낚싯대 길이** : 시판하는 대부분의 UL 낚싯대들은 대체로 너무 짧다. 사용할 공간이 충분하다면, 보다 긴 UL 낚싯대가 짧은 것보다 몇 가지 점에서 더 유리하다. 작은 물고기를 상대로 큰 파이팅(손맛)을 원한다면 긴 낚싯대가 더 낫다. 긴 낚싯대는 물고기로 하여금 보다 긴 지렛대를 사용할 수 있게 해주기 때문에, 4 1/2-5 1/2피트의 짧은 낚싯대로 약간의 손맛만 느낄 수 있는 물고기라 할지라도 6-7피트의 낚싯대를 사용하

면 헤라클레스와 같은 강한 손맛을 느끼게 한다.

긴 UL 브랭크는 구하기 힘들다. 이럴 때 로드 빌더들은 어떻게 해야 할까? 일반적인 4 1/2-5 1/2피트의 UL 브랭크를 확장하여 필요한 만큼 늘이면 된다. UL 낚싯대는 그리 강한 장력이 걸리지 않는 낚싯대이므로, 브랭크 외경보다 직경이 약간 큰 카본 관, 혹은 약간 직경이 작은 가벼운 알루미늄 관을 사용하여 손쉽게 확장할 수 있다. 손잡이를 확장 부분에 만들어 UL 브랭크에 접합하면 된다. 얼마나 길게 할 것인가는 원하는 사람에 따라 다르다. 너무 과도하게 길지만 않다면, 길게 할수록 더 큰 손맛을 볼 수 있다.

● 릴 시트 : 고정식 앞 손잡이 릴 시트는 UL 낚싯대에 이상적이다. 가벼운 탄소/나일론 복합수지 릴 시트 모델들을 최근에 나온 우레탄 아보와 같이 사용하면 좋다. 편안하게 낚시를 하려면 직경이 너무 작은 릴 시트를 사용하는 오류를 범하지 말도록 하자. 예를 들어, 골프 클럽의 손잡이 크기가 모두 다르다고 생각해 보자. 일리가 있다고 생각되는가? UL 낚싯대라 하여 보다 작은 구경의 릴 시트를 사용한다는 것은 이치에 맞지 않다. 어떤 낚싯대를 사용하든 사용하는 사람의 손은 똑같으므로 손잡이 구경은 손에 맞는 크기가 가장 좋다.

● 브랭크 휨세 : 오랫동안 대부분의 UL 낚싯대는 M(moderate)이나 S(slow) 휨세의 브랭크를 사용해 왔다. 지금도 큰 변화가 없으며, 어떤 사람들은 이 휨세를 좋아한다. 그러나 대개의 경우 F(fast) 휨세의 UL 낚싯대를 한번 사용하면 다른 휨세의 낚싯대를 사용하지 않게 된다. 페스

트 휨세의 UL 브랭크는 유리한 점이 많다. 첫째, 사용할 수 있는 루어의 무게 범위가 넓어진다. 둘째, 가벼운 루어 투척 능력의 손상 없이도 좋은 버터 강도를 유지할 수 있다. 마지막으로, 무엇보다 많은 사람들이 페스트 휨세가 낚시하기에 보다 편안하다고 느낀다. 페스트 휨세는 구조적으로 버터 쪽으로 하중이 치우쳐 있어서 반응이 빠르다. 브랭크를 확장하면 브랭크의 휨세는 모든 경우에 보다 F 휨세 쪽으로 바뀐다. M 휨세는 F 휨세가 되며, F 휨세는 더욱 F 휨세가 된다. 브랭크를 확장하면 이러한 브랭크의 휨세 변화가 온다는 것을 감안한다.

● **뒤 손잡이 길이** : UL 낚싯대 뒤 손잡이 길이는 어느 정도가 적당한가? 사실 이 문제는 개인적 기호에 따라 달라지는 문제이기는 하다. 하지만 짧은 것이 왜 더 나은지 그 배경을 소개하고, 그에 따른 뒤 손잡이 길이에 대하여 알아보자.

낚싯대에서 긴 뒤 손잡이는 두 가지 용도를 가지고 있다. 두 손을 사용하여 보다 멀리 캐스팅하기 위한 용도와 힘센 물고기와 파이팅할 때 뒤 손잡이를 팔뚝 뒤로 받쳐 손목을 편안하게 하기 위한 용도이다. UL 낚싯대는 무거운 추나 루어를 사용하지 않으며, 두 손을 사용하는 캐스팅도 거의 하지 않는다. 그리고 작은 물고기와의 파이팅에서 팔뚝이나 팔꿈치에 뒤 손잡이를 받칠 필요도 없다.

5 1/2와 6 1/2피트의 UL 낚싯대는 10cm 이상 길이의 뒤 손잡이를 갖지 않게 하며, 7피트 낚싯대는 13cm를 넘지 않게 한다. 이렇게 하면 이것들은 한 손으로 경쾌하게 캐스팅할 수 있으며, 물고기가 걸렸을 때 팔을 사용하지 않고 손목으로만 파이팅하므로 그 당찬 힘을 온전하게 느

낄 수 있다. 25cm의 긴 뒤 손잡이를 만들어 팔뚝에 기대고, 그에 따른 보다 좋은 지렛대 작용의 이점을 살려 큰 힘을 쓸 수도 있겠지만, 이는 목적하는 것이 아니다. 단지 4파운드의 낚싯줄을 사용하는데 얼마나 많은 힘을 쓰려고 하는가? 그렇다고 뒤 손잡이를 길게 하면 안 된다는 것은 아니다. 여기서는 단지 UL 낚시채비의 보편적 목적에 맞게 이야기한 것뿐이다.

● **가이드** : UL 낚싯대는 약한 강도의 낚싯대이므로, 브랭크에 불필요한 무게가 걸리지 않아야 한다. 단지 몇 그램의 무게도 낚싯대의 기능을 크게 저하시킨다. UL 낚싯대는 다른 어떤 낚싯대보다 로드 빌더의 솜씨가 잘 드러난다. 즉 최소의 재료로 최대의 효과를 나타낼 수 있어야 한다.

UL 낚싯대의 가이드는 NGC(New Guide Concept; 새 가이드 개념) 법의 사용을 적극 권장한다. 낚싯대의 중앙과 초릿대 부분의 높고 큰 기존의 가이드를 없애고, 낮고 작은 가이드를 부착하여 UL 낚싯대에 생명력을 불어넣도록 하자. 외발 가이드를 사용하고 주행 가이드를 낮고 작은 것으로 하면 기존의 가이드 체계를 사용한 것과는 엄청난 차이가 난다. 다른 어떤 낚싯대보다 UL 낚싯대에서 이 NGC 법의 이점이 가장 크게 나타난다. 낚싯줄은 직선 주행 경로를 형성하여 비거리가 좋아지고, 낮고 작은 가이드의 사용으로 중앙과 팁 부분의 무게가 감소되어, 초릿대 부분이 빠르게 반응하여 채찍과 같은 경쾌함을 갖게 된다.

UL 낚싯대의 가이드에는 큰 힘이 가해지지는 않지만, 아주 가는 낚싯줄을 사용하므로 낚싯줄을 보호하기 위해 가이드 링의 선택에도 주의를 기울여야 한다. 어떤 세라믹 가이드도 무방하다. 그러나 링을 가장 얇고 가벼운 것으로 선택하도록 한다. 여기에 프레임도 가장 가벼운 재료로 된 것이면 금상첨화다. 가벼운 타이타늄 프레임에 매끄럽게 윤이 나는, 단단하면서 얇은 링으로 된 가이드가 가장 좋지 않겠는가? 그러나 비용을 그리 많이 들이지 않고서도 이에 못지않은 것들을 찾을 수 있다. REC Recoils 가이드 같은 것이 그렇다. 이 가이드는 가볍고 단단하여 닳거나 홈이 패지 않는다.

● **밸런스** : 대부분의 UL 낚싯대 브랭크는 가볍고 약간 큰 릴을 사용하는 것만으로도 밸런스를 조정할 수 있을 만큼 팁 쪽으로 무게가 그리 많이 쏠려 있지는 않다. 그러나 손목을 많이 사용하는 낚싯대이므로, 낚싯대 릴 전면 바로 앞에 무게 중심이 위치하도록 밸런스를 잡을 것을 권한다. 만약에 낚싯대의 밸런스가 팁 쪽으로 약간 쏠려 있다면, 릴 사이즈를 조금 더 큰 것으로 하거나 무게가 조금 나가는 뒤 마개를 장착하여 쉽게 해결할 수 있다. 낚싯대 가장 후미의 무게를 조정하는 것이 최소의 질량 변화로 가장 손쉽게 밸런스를 수정할 수 있는 첩경임을 잊지 말도록 하자.

● **래핑과 마감** : UL 낚싯대는 최대한 가볍게 만들어야 한다. 가이드 등을 래핑할 때도 직경이 작은 A사를 사용하고, 에폭시 마감 면적도 최대한 줄이도록 하자. 장식용 크로스 랩이나 웨이빙을 할 경우에도 손잡이 바로 앞부분에 하도록 하여 중량 증가의 영향을 최소화하도록 한다.

12-2 리볼버 로드

리볼버 로드는 유명한 로드 빌더이자 프로 배서인 리치 포핸(Rich Forhan)에 의해 고안되었다. 리볼버 로드는 가이드가 낚싯대 상단에 일렬로 배열되어 있는 일반 캐스팅 대와 달리, 버터 가이드를 나선형으로 배열하여 주행 가이드와 톱 가이드가 낚싯대 하단에 배열되어 있다. 상단 가이드 배열을 한 일반 캐스팅 대는 물고기와 파이팅을 할 때, 가이드를 물고기 방향으로부터 정확하게 180도를 유지하지 않으면 낚싯대의 아래쪽에 위치하려고 하는 낚싯줄의 힘에 의해 가이드가 브랭크에 비틀림 힘을 작용한다. 이러한 비틀림 힘은 팁 쪽에서 가장 강하게 작용하며, 오래 사용하면 반복된 비틀림 작용으로 브랭크가 파열된다. 리볼버 로드는 주행 가이드와 톱 가이드가 하단에 배열되어 있어 이러한 비틀림 현상이 나타나지 않는다.

● **가이드의 선택과 배열** : 낚싯줄을 하단으로 돌리기 위해 4개의 버터 가이드를 나선형으로 배열한다. 버터 가이드들을 낚싯대 상단으로부터 -5-0도, 60도, 120도, 180-185도의 방향에 배열하여 나선을 형성한다. 나선의 형성 방향은 어느 쪽으로 해도 상관없으나, 가급적 릴 핸들이 있는 쪽으로 하면 낚싯대 측면에 배열되어 있는 가이드들이 바닥에 부딪치지 않게 보호할 수 있다. 배스 낚싯대를 기준으로 하면, 가장 큰 가이드인 버터에서부터 첫 번째 가이드는 12구경 양발 가이드를 사용하며, 위치는 릴의 스풀 전면으로부터 약 45-50cm의 간격을 준다. 두 번째부

터 네 번째까지 버터 가이드의 배열은 18-20cm의 등거리 배열로 하고, 크기는 가이드 순서대로 10구경 외발, 8구경 외발, 8구경 외발 가이드로 한다.

이러한 나선 가이드 배열에는 항상 양발 가이드를 사용해야 한다고 믿는 사람이 많다. 그러나 이는 낚싯대에 최대한의 장력을 걸어 이들 가이드에 걸리는 비틀림 힘의 실제로 측정한 결과를 모를 때이다. 실제 시험에서 약 2.5kg에 달하는 힘을 걸었을 때, 가이드 2와 3에는 500g에 조금 못 미치는 압력이 걸릴 뿐이다. 외발 가이드는 수직으로 약 12kg의 힘을 견딜 수 있다. 따라서 제일 큰 버터 가이드를 제외하고는 무거운 양발 가이드를 사용할 필요가 없다. 주행 가이드는 5.5-6구경의 외발 가이드를 사용한다.

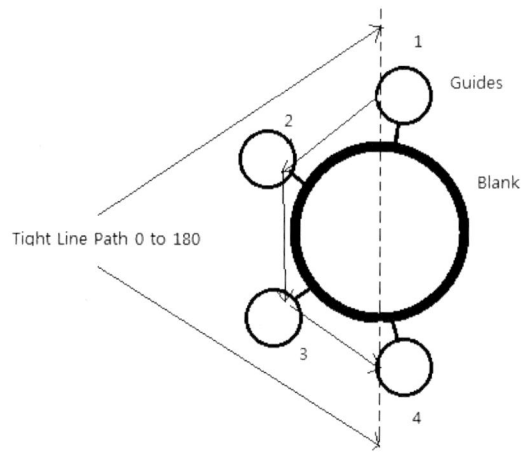

Revolve Rod Guide

[리볼버 로드 나선 배열]

● **리볼버 낚싯대 일반** : 손잡이 부분 주행 가이드 배열 등은 일반 캐스팅 대와 같이 한다. 한편, 리볼버 로드에서 나선 배열에 사용된 외발 가이드는 높이가 양발 가이드보다 낮아 낚싯줄을 브랭크에 더욱 가깝게 밀착시킨다. 그러므로 비틀림 힘의 발생이 더욱 감소되고, 어떤 낚시 조건 하에서도 가이드가 헐거워지는 일이 없다. 외발 가이드 사용에 따라 가이드 부착에 필요한 래핑 사와 에폭시 마감제의 양도 줄어들므로 초릿대 부분이 그만큼 가벼워져서 초릿대의 반응이 더욱 예민해진다.

● **랠프(Ralph)의 나선 배열** : 미국의 로드 빌더 랠프 랄프(Ralph O'Quinn)에 의해 고안된 캐스팅 대의 나선 가이드 배열 방식이다. 버터 가이드를 40-45도, 90도, 135도, 180도에 배열하여 나선을 형성시키며, 낚싯줄이 나선을 형성하여 돌아갈 때 그 나선 형성 경로가 직선으로 되어 있는 특성이 있다. 이러한 나선 형성 경로의 직선화는 가이드와 낚싯줄 간의 저항을 감소시켜 리볼버 방식보다 더 좋은 비거리를 갖는다. 특히 힘센 물고기를 상대로 하는 쇼크 리더를 사용하는 바다 낚싯대에서 절대적으로 유리하다. 실제로 몇 가지 나선 배열법들 중 랠프의 나선 배열법은 쇼크 리더의 사용이 가능한 유일한 나선 배열법이다. 손잡이, 가이드 간의 간격 등은 모두 일반 캐스팅 대와 같이 한다.

12-3 가물치 대

여기 소개할 내용은 가물치 전용 낚싯대의 선택 및 빌딩에 관한 것이다. 가물치 낚싯대는 다른 각종 거대 민물고기의 낚시에도 사용된다. 가물치 전용으로 하기 위하여 몇 가지 요소들이 고려되었다. 사용할 미끼와 루어의 선택에 따른 요소들과 가물치의 제어 때 반응 습성에 따른 요소들이다. 가물치는 민물에서 먹이사슬 최고위층의 물고기이며 보호해야 할 어종이다. 낚시하기, 사진 찍기, 놓아 주기와 같은 기본 법칙을 생각하여 적절한 장비를 선택하는 것이 중요하다. 물고기에 최소한의 상처만 남기는 장비들을 사용하도록 하자.

가물치 낚싯대 빌딩에는 섬세한 기법보다는 큰 릴, 억센 낚싯줄, 큰 루어 혹은 미끼를 사용하므로 강하고 튼튼하게 만드는 기법이 더 요구된다. 빠른 시간 내에 가물치를 랜딩시키도록 해야 한다는 것을 항상 염두에 두고 빌딩해야 한다. 이 어종의 취약성과 보존을 위해 필요한 것이다. 온몸을 뒤틀어 후킹하여 재빨리 랜딩하고, 사진을 찍고 놓아 주는 것이 가물치 낚시이다. 따라서 매우 강한 채비들이 요구된다.

● **대형 배스용 낚싯대와 가물치 전용 낚싯대** : 가물치 낚싯대의 브랭크를 선택할 때 첫 번째로 고려할 요소는 신기록 감인 초대형 가물치를 잡을 확률이 있을 때와 그렇지 않을 때이다. 초대형 가물치는 1m 이상이다. 비교적 작은 크기의 가물치가 있는 곳에서는 대형 배스용 브랭크로도 충분하다. 그러나 대다수의 가물치 낚시인들은 대형 배스용 브랭크는 가물치용으로 적합하지 않다고 생각한다. 물론 이런 견해는 논란의 여지가 있으나, 종의 보호를 위해 가물치에 최소한의 상처만 남기는 낚시가 필요하며, 한 가물치가 여러 번 낚였을 때까지 고려하면 나름대로 타당성이 있다. 마그늄 팁이라고 불리는 뻣뻣하고 강인한 가물치 전용 테이프(초릿대)가 있는 브랭크를 사용하여 가물치를 보호할 필요성

이 있는 것이다.

● **가물치 낚싯대의 강도, 휨세, 길이** : 강도, 휨세, 길이라는 세 가지의 일반적인 범주에서 가물치 낚싯대를 논해 보자. 일반적으로 탄소 섬유 브랭크의 경우에는 페스트 휨세를, 그리고 유리 섬유나 복합 섬유 브랭크의 경우 모더레이트 휨세를 사용한다. 강도는 민물 기준으로 미디움-헤비(medium-heavy)부터 엑스트라 헤비(extra-heavey)까지 사용하며, 바다 기준으로 하면 20-40파운드 급의 브랭크를 사용한다. 이상적인 길이는 7피트 6인치-7피트 10인치의 1-3온스(25-75g)의 루어를 사용하며, 버터 직경은 약 18mm, 팁 직경은 3mm이다. 조력이 좋은 캐스팅 형식의 낚싯대를 주로 사용한다.

● **손잡이의 길이 및 형태** : 가물치 낚싯대 손잡이 재료로는 코르크를 가장 많이 사용한다. 뒤 손잡이 길이는 30-36cm가 적당하며, 릴 시트는 보통 18, 손이 큰 사람은 20 사이즈까지 사용한다. 앞 손잡이는 10-13cm 범위로 한다. 손잡이 직경은 일반 민물 루어 대보다 조금 큰 것이 좋다. 잘 만들어진 손잡이 세트를 사용하는 것도 좋은 방법이다. 손잡이를 만들 때는 편안한 그립(grip) 감과 원활한 지렛대 작용, 이 둘 중 어느 선호하는 한쪽에 치중해서 만드는 것이 좋다. 브랭크가 길면 손잡이를 보다 길게 한다. 예를 들어 7 1/2피트 길이의 낚싯대는 뒤 마개부터 앞 손잡이 끝까지 손잡이 전체 길이를 약 58cm 길이로 한다. 파이팅은 손목이 아닌 팔을 사용하므로, 뒤 손잡이를 충분히 길게 하여 낚싯대의 버터 끝부분이 팔꿈치 아랫부분 끝에 위치하도록 한다. 가물치 전

용 낚싯대에는 EVA나 하이파론(Hypalon) 손잡이를 잘 사용하지 않지만, 사용해서 안 될 이유도 없다. EVA나 하이파론도 가볍고 강인하며 좋은 그립 감을 가지므로 좋은 손잡이가 될 수 있다.

낚싯대에 장식을 하고 싶다면 얼마든지 해도 된다. 벌(burl; 옹이)이나 색깔이 있는 코르크 혹은 나무로 손잡이 부분을 장식한다. 이런 장식을 하면 낚싯대가 매우 고급스럽게 보인다. 손잡이를 버터 캡 바로 앞부분과 릴 시트 바로 뒷부분의 두 부분에만 하는 분리형 손잡이도 권장할 만한 손잡이 형태이다. 가물치 낚싯대는 길고 무거운 낚싯대이므로 손잡이를 만들 때 버터 부분의 무게 감량에 그렇게 신경 쓰지 않아도 된다. 낚싯대의 적절한 밸런스를 유지하기 위해 버터 부분에 상당량의 웨이트 밸런스가 필요할 때도 있다는 것을 잊지 말자.

● **가이드** : 요즘은 가이드를 위시하여 각종 부품들의 선택 범위가 넓다. 잘만 사용하면 어떤 부품들은 가물치 낚싯대의 효율성에 실제로 큰 도움이 된다. 가물치 낚싯대의 버터 가이드는 보통 사이즈 16을 사용하며, 사이즈 20을 사용할 경우도 있다. 브랭크 팁 직경이 크므로 보통 팁 부분에는 사이즈 8을 사용한다. 가이드 개수는 톱 가이드를 포함하여 브랭크 피트 길이와 같이 한다. 길이가 정수가 아닐 때는 반올림의 법칙을 적용한다. 예를 들어 7 1/2피트의 경우 8개의 가이드를 사용한다. 가물치 낚싯대에 사용하는 낚싯줄은 50-80파운드 강도의 합사를 사용한다. 강도에 비해 직경이 작은 강인한 낚싯줄을 사용하므로 가이드 링도 여기에 견딜 수 있는 것으로 선택해야 한다. 가물치 낚싯대에는 Sic나 지르코늄 링을 많이 사용한다. 그러나 좋은 품질의 알루미늄 옥사이드 링

도 별 문제는 없다. 그래도 대형 가물치의 힘을 과소평가해서는 안 된다! 가이드 링 때문에 다 잡은 신기록 감의 대형 가물치를 놓치는 경우도 있으므로 품질이 검증된 제품을 사용하도록 하자.

양발 가이드 혹은 외발 가이드 중 어떤 것을 사용해야 할까? 패스트 휨세를 가진 가물치 낚싯대의 전체적 강도를 감안하면 전체적으로 양발 가이드를 사용하는 것이 원칙이다. 그러나 팁 부분의 무게를 조금이라도 줄이고 싶다면, 팁 부분에는 외발 가이드를 사용해도 된다. 어떤 경우든 타이타늄 프레임 가이드의 사용을 고려해 볼 만도 하다. 가이드 부착 시에는 언더 랩(under wrap)을 하여 색상 보호제나 2액 에폭시 마감제를 가볍게 코팅하여 경화한 후 그 위에 가이드를 부착한다. 마지막 마감은 에폭시 마감을 하며, 품질이 검증된 Glass Coat, Clear Coat, Flex Coat 같은 것을 사용한다. 가이드 래핑 사로는 D사를 사용한다. 외발 가이드를 사용할 때는 포핸의 잠금 랩 사용을 적극 권장한다.

스피닝 가물치 낚싯대도 있다. 가이드와 릴의 크기는 대형 메기나 중형 바다 대와 같이 한다. 가이드는 보통 양발 가이드를 사용하며, 릴은 최소 20파운드의 나일론 줄을 감당할 수 있는 크기의 것을 사용한다. 스피닝 가이드 배열은 낚싯대의 효율성을 위해 NGC 법을 사용할 것을 추천한다.

● **나선 가이드 배열** : 나선 가이드 배열은 낚싯대의 비틀림 현상을 제거해 준다. 그러므로 가물치 낚싯대는 나선 가이드 배열을 할 것을 적극 추천한다. 나선 배열은 릴의 전면부와 버터 가이드를 같은 면에(혹은 약간 비틀리게) 일정 거리를 두고 배열하고, 그 다음 1-2개의 가이드들

을 오른쪽 혹은 왼쪽으로 나선형으로 배열하여, 최종적으로는 낚싯대의 아래쪽에 가이드가 위치하도록 배열하는 것이다. 초릿대 부분의 나머지 가이드들은 톱까지 모두 낚싯대의 아래쪽에 배열한다. 가물치는 힘이 센 물고기이다. 비틀림이 있는 낚싯대를 사용하면 하루 종일 루어나 미끼를 되감는 것만으로도 쉽게 피로해진다는 것을 잊지 말자. 나선 가이드 배열에 대한 정보는 매우 많다. 랠프 퀸(Ralph Quinn)은 나선 배열의 완성에 많은 공헌을 했고, 릴에서부터 팁까지 낚싯줄이 거의 일직선으로 주행하는 나선 배열법을 개발했다. 이 나선 배열법은 이상적인 가물치 낚싯대 가이드 배열법으로서 캐스팅 거리의 감소가 없다.

어떤 나선 가이드 배열법을 사용하든 선호하는 가이드와 가이드 수에 따라, 낚싯줄이 가이드를 따라 가장 매끄러운 주행 경로를 형성할 수 있도록 각도와 배열 간격을 적절히 수정하여 가이드 배열을 해주는 것이 좋다. 가이드 배열에는 약간의 시간이 걸리고 시행착오도 있다. 그러나 그렇게 함으로써 최적의 효율성을 가진 낚싯대를 가질 수 있게 된다.

12-4 바다 루어 대

바다 루어 대의 디자인과 빌딩에 대해 논하기 전에 우선 여기서 다루고자 하는 바다 루어 대에 대하여 알아보자.

바다 루어 대는 7 1/2에서 10 1/2피트 범위의 길이를 가진, 주로 바닷가에서 사용하는 낚싯대들이다. 주로 1/2-3온스(12-75g) 무게의 스푼, 플러그, 웜 등의 루어를 투척하며 스피닝 혹은 캐스팅릴을 사용한다. 낚싯줄 강도는 10-17파운드 범위이다. 물론 어떤 바다 루어 대는 이 범주를 벗어나는 것도 있지만, 대개는 이 범주 내에 들어간다. 바닷가 갯바위에서 주로 하는 볼락, 돔, 등의 록 피쉬(rock fish) 용 바다 루어 대는 민물의 쏘가리나 배스 대에 준하여 만들면 된다.

● 낚싯대 길이 : 보다 긴 낚싯대를 사용하면 보다 원거리 캐스팅이 가능하다. 당연히 긴 낚싯대는 캐스팅할 때 힘이 더 많이 들고, 파이팅할 때 물고기 쪽이 낚싯대의 지렛대 작용 혜택을 더 많이 누린다. 원거리 투척이 주된 목적이라면, 너무 과하지 않은 범위 내에서 낚싯대를 길게 만든다. 물고기와의 파이팅을 용이하게 하는 것이 목적이라면, 보다 짧은 낚싯대가 좋다. 양쪽을 다 고려하고 싶으면, 적정 길이에서 타협해야 한다. 7 혹은 8피트 길이의 낚싯대는 낚시를 편안하게 할 수는 있지만 9 혹은 10피트 낚싯대만큼 멀리 던지지는 못한다. 물론 12피트의 낚싯대는 더욱 멀리 던질 수 있겠지만, 얼마나 멀리 던지기 원하는가? 낚싯대가 길면 던질 때 힘이 더 들고 물고기와의 파이팅이 더 힘들어진다는 것을 기억하도록 하자. 대개의 경우 9피트 정도가 가장 적당하다. 투척 거리도 상당하며, 낚시를 그런 대로 편안하게 할 수 있다. 더 멀리 던지고 싶으면 12피트 정도까지 사용해도 된다. 그 이상의 길이는 아주 힘센 사람이 아니면 피하는 것이 좋다.

● 브랭크 : 바다 루어 대에는 지금도 파이버 그라스 브랭크를 일부 사용하고 있으나 무게의 부담이 커서 요즘은 가벼운 탄소 섬유 브랭크를 많이 사용한다. 탄소 섬유 브랭크도 내구성이 충분하며, 특히 가벼워서 낚시할 때 덜 피로하고 보다 장거리 캐스팅이 가능하다. 휨세는 F(fast)

휨세를 선택하면 장점이 많다. F 휨세의 브랭크는 모더레이트(moderate) 휨세의 브랭크보다 가볍고 반응이 빨라서 각종 루어 선택의 폭이 넓으며, 특히 플러그 루어들을 더욱 용이하게 운용할 수 있다는 장점이 있다. 그러나 절대적인 기준은 없으므로 자신(혹은 소비자)이 가장 편안하다고 느끼는 쪽으로 선택하면 된다.

루어 무게 범위로 나타내는 브랭크 강도에 대해 많은 낚시꾼들, 때로는 로드 빌더들조차 잘못 이해하고 있는 경우가 많다. 예를 들어 루어의 총 무게(혹은 추+미끼)가 8온스라고 하자. 이때 4-8온스 무게 범위의 브랭크를 선택했다면 크게 실망할 수도 있다. 물론 이 브랭크로 8온스의 무게를 충분히 감당할 수는 있지만, 이 브랭크의 캐스팅 능력을 최대한 이용하지는 못한다. 즉 캐스팅에 이상적이지 않다는 것이다. 브랭크 무게 범위는 사용하고자 하는 루어 무게가 무게 범위의 중간에 오도록 선택해야 한다. 8온스 루어의 경우 브랭크의 무게 범위는 6-10온스가 이상적이다. 이렇게 하면 루어 무게 선택에 여유가 있으며 개인 차 혹은 선호도에 의한 캐스팅 한계를 보다 넓게 수용할 수 있다.

● **손잡이** : 낚싯대 제작의 첫 번째 과제는 릴 시트의 위치를 결정하는 일이다. 보통 낚싯대가 길면 손잡이를 그만큼 길게 하여 높이 잡고 캐스팅을 한다. 문제는 손잡이를 길게 하면 길게 한 만큼 캐스팅에 필요한 길이가 짧아진다는 것에 있다. 즉 긴 핸들은 캐스팅을 용이하게 해주지만, 장거리 캐스팅에 필요한 낚싯대의 캐스팅 길이는 그만큼 짧아지는 것이다.

빠른 시간 내에 손잡이 길이를 결정하는 일반적인 방법으로는, 브랭크 버터 부분을 겨드랑이에 끼고 손을 뻗어, 스피닝 낚싯대의 경우는 손바닥이 닿는 곳에, 캐스팅 낚싯대의 경우는 손바닥이 닿는 곳 바로 앞에 릴 시트를 위치시키는 방법이 있다. 이 방법은 간단하기는 하지만 낚싯대의 전체 길이, 낚싯대 밸런스, 파이팅할 때 손의 위치 등을 전혀 고려할 수 없다는 단점이 있다. 경험에 의하면, 10피트 이하 낚싯대의 경우에는 이렇게 하면 손잡이 길이가 너무 길어진다. 그러나 10피트 이상의 경우에는 캐스팅에 필요한 낚싯대 길이도 충분하며 손잡이 길이도 캐스팅 동작을 하기에 적당하다. 메릴랜드의 로드 빌더 켄 프레스턴(Ken Preston)은 "9 피트의 스피닝 낚싯대의 경우 릴 시트를 버터 끝에서부터 10.5인치(26.7 cm)에 위치시킨다. 이 길이는 손바닥에서 팔꿈치 안쪽 길이와 일치하며, 물고기와 파이팅할 때 낚싯대를 팔뚝 아래에 단단히 받치고 낚싯대 버터를 몸통에 받칠 수 있으며, 두 손으로 부드럽게 캐스팅을 할 수도 있다."라고 말한다.

　시판하는 대부분의 경량의 바다 루어 대는 손잡이 길이가 너무 길고, 아주 강한 바다 루어 대의 경우에는 손잡이가 너무 짧다. 가벼운 루어를 사용할 경우, 캐스팅을 할 때 손잡이가 팔꿈치 바깥쪽으로 나갈 만큼 긴 길이가 필요 없으며 낚싯대 다루기에도 불편하다. 한편 무거운 루어를 사용하는 강한 루어 대의 경우, 손잡이가 짧으면 루어를 제어하기 힘들다. 손잡이 길이를 결정할 때, 사용할 사람이 브랭크를 잡게 하고 그가 사용할 루어와 비슷한 무게를 낚싯대 팁에 매달고 손의 위치를 자연스럽게 옮겨서, 그 무게를 편안하게 잡을 수 있는 부분에 릴 시트를 위치시키는 것이 가장 좋다.

　릴 시트는 나일론/탄소 복합수지 릴 시트가 좋다. 복합수지 릴 시트는 가볍고 강인하고 부식되지 않으며 팔에 무리를 주지 않는다. 가끔 바다 루어 대에 알루미늄 릴 시트를 장착한 것을 볼 수 있다. 알루미늄 릴 시트는 사용해도 무방하나, 복합수지와 비교할 때 특별한 장점이 없으며 추천할 만하지 않다. 바다 루어 대 손잡이 재료로는 EVA와 하이퍼론이 오랫동안 사용되어 왔고 지금도 가장 널리 사용되고 있다. EVA와 하이퍼론은 가볍고 내구성이 좋으며 바닷물에 변색 혹은 부식되지 않는다. 아직 바다 루어 대 손잡이로서 EVA나 하이퍼론을 능가하는 것은 없다. 뒤 마개는 튼튼한 고무마개를 주로 사용한다. 젖은 손으로 잡아도 미끄러지지 않게 버섯 형태로 말단부의 직경이 커지는 형태가 좋다.

● **가이드** : 바다 루어 대는 길이와 강도가 너무 다양하여 어느 한 종류의 가이드가 특별히 더 좋다고 할 수는 없다. 가이드 선택의 기본은 자신의 낚시 대상어와 낚싯대에 적합하면 된다. 캐스팅 혹은 스피닝 민물 루어 대에 사용하는 표준 가이드들은 경량의 록 피쉬(농어 참돔, 우럭 등) 용 바다 루어 대에 그대로 적용하여 사용한다. 대개의 경우 시판하는 바다 루어 대의 가이드들은 목적하는 것보다 과도한, 예를 들어 매우 강력한 Fuji(혹은 이와 비슷한) SVSG 나 NSG 같은 선상 게임 피쉬 (40kg 이상) 낚싯대용의 매우 강력한 가이드를 사용하고 있다. 이러한 강력한 가이드들은 바다 루어 대에는 사실상 필요가 없다.

바다 루어 대는 기본적으로 민물의 배스 대와 같은 방법으로 만들고, 조금 더 강하게 만들고 싶다면 버터 부분 가이드만 양발 가이드로 한다. 많은 프로 바다 낚시인들은 바다 루어 대에 외발 가이드를 주로 사용한다. 다만 외발 가이드를 사용할 때 안전 랩이나 포핸의 잠금 랩을 사용하여 가이드를 더욱 강하게 고정하는 것이 다를 뿐이다. 가이드 프레임은 스테인리스 프레임이면 충분하며, 바닷물이 묻었을 때도 잘 닦아 보관하면 부식의 문제도 사실상 없다. 품질이 보증된 회사에서 생산된 세라믹 링들은 어떤 종류의 세라믹을 사용하더라도 닳거나 홈이 패는 일이 거의 일어나지 않는다. 반드시 값비싼 Sic 링을 사용할 필요는 없다. 하드로이 정도면 충분하며, 알루미늄 옥사이드도 무난하다. 가이드 고정에 사용하는 래핑 사는 대개의 경우 A사면 충분하다. 그러나 A사는 가늘어서 거친 환경에서는 실올이 상할 수 있으므로, 낚시 환경이 거칠 경우에는 보다 굵은 D사를 사용하는 것이 좋다. 언더 랩을 할 경우에는 A사로 언더 랩을 하고, 색상 보호제나 에폭시 마감을 얇게 도포한 후 경화시키고 그 위에 D사로 가이드 래핑을 하는 것이 좋다.

● **가이드 구경** : 가이드 구경 결정 방법은 다른 낚싯대와 같다. 다만 바다 루어 대는 한 가지 특별히 고려해야 할 요소가 있다. 그것은 '쇼크 리더(shock leader)'를 사용할 때이다. 쇼크 리더는 무거운 루어를 반복해서 캐스팅할 때 릴과 루어 사이의 낚싯줄이 받는 충격을 완화시키고, 또한 바다 밑바닥에서 모래나 바위에 의해 낚싯줄이 마모, 손상되는 것을 방지해 주는 역할을 한다. 쇼크 리더를 하면 쇼크 리더 매듭이 잘 빠져나갈 수 있는 크기의 가이드 링을 사용해야 한다. 16구경 이하의 가이드 링은 쇼크 리더 매듭이 매끄럽게 빠져나가지 않는다. 따라서 쇼크 리더를 사용할 경우, 초릿대 및 톱 가이드의 구경은 최소 16구경이 되어야 한다. 쇼크 리더를 사용하지 않는 경우에는, 아무리 강한 낚싯줄을 사용한다 하더라도 8구경 이상 초과할 필요가 없다.

●**바다 스피닝 루어 대의 가이드 배열** : 가이드는 낚싯대에 걸린 응력을 고르게 분배할 수 있도록 충분히 많이 사용해야 하나, 너무 많으면 낚싯대가 무거워지고 캐스팅하기에 좋지 않다. 탄소 섬유 바다 루어 대의 경우, 가이드 개수는 최소 2피트에 한 개, 최대 1피트에 한 개가 있어야 한다. 따라서 최적 가이드 개수는 최소와 최대치의 중간을 취하는 것이 좋다. 낚싯대 빌더에 따라 다른 가이드 배열을 할 수 있으나, New Guide Concept(NGC) 법을 추천한다. 경량의 루어 대는 초릿대 부분에 배스 대와 같은 종류 및 크기의 가이드를 사용하면 된다. 40kg 이상의 대형 바닷물고기를 노리는 무거운 바다 루어 대는 초크 가이드까지는 SVSG 형태의 가이드를, 그리고 그 뒤로 초릿대 쪽으로는 NSG 형태의 가이드를 사용한다.

마이크 볼러드(Mike Ballard)는 NGC 법을 사용하면 캐스팅 거리 증가 및 무게 감소가 눈에 띄게 달라진다고 말한다. 그는 "나에게 더 이상 케케묵은 종전의 가이드 배열을 요구하지 말라, 나는 거의 모든 스피닝 대에 NGC 법을 사용한다. NGC 법은 낚싯대의 무게를 감소시키고 캐스팅 거리를 증가시킨다. 나의 고객들은 모두 단 한번 NGC 가이드 배열의 낚싯대를 사용해 보고는 NGC 가이드 배열의 열렬한 팬이 되어 버렸다." 라고 말한다.

NGC 가이드 배열은 사용하는 릴의 위치와 크기에 따라 가이드 구경 및 높이가 결정되므로 어떤 특정 가이드를 지정해 놓을 수는 없다. 어떤 경우든 세트화하여 시판하는 가이드 세트로는 NGC 가이드 배열을 할 수 없다. NGC 가이드 배열을 하려면 가이드 크기와 높이를 잘 측정하여 하나씩 선택적으로 구입해야 한다.

●**바다 캐스팅 루어 대의 가이드 배열** : 캐스팅 낚싯대의 가이드 배열 간격을 결정하는 일은 스피닝 낚싯대보다 덜 까다롭다. 일반적인 캐스팅 대의 삼단 가이드 배열 원리가 그대로 적용된다. 즉 가이드의 높이 및 가이드 간의 간격이 적절하여 캐스팅 파워에 손실이 없고, 낚싯대에 최대 부하가 걸렸을 때 낚싯줄이 브랭크에 접촉하지 않게 해야 한다는 원리이다. 가벼운 바다 루어 대는 민물 배스 대와 같이 가이드 배열을 한다. 버터 가이드의 구경은 16 혹은 20이면 충분하다. 릴이 보다 넓고 낚싯줄 강도가 더 커지면 버터 가이드는 구경 25 혹은 30까지 사용한다. 낮은 프레임을 가진 NSG와 같은 표준 캐스팅 가이드를 사용하는 것이 가장 좋으나, 필요에 따라 프레임이 보다 높은 스피닝 가이드를 버터 부분 가이드로 사용해도 무방하다. 주행 가이드는 프레임이 낮은 캐스팅 가이드를 사용한다.

가벼운 바다 루어 대의 경우 버터 가이드는 구경 20, 16, 12를, 그리고 주행 가이드는 구경 10 혹은 8을 사용하면 충분하다. 낚싯줄 강도 15-30 파운드를 사용하는 보다 무거운 낚싯대의 경우, 버터 가이드 구경은 30, 25, 20, 그리고 주행 가이드는 구경 16을 사용한다. 물론 톱 가이드의 구경은 주행 가이드와 같이 한다. 이렇게 구경이 큰 가이드를 사용하는 이유는 쇼크 리더의 사용을 전제로 하고 있기 때문이다. 마이크 볼러드(Mike Ballard), 닐 폴크너(Neil Faulkner), 켄 프레스턴(Ken Preston) 모두 이와 비슷한 크기의 가이드를 배열한다. "캐스팅 바다 루어 대는 배스 캐스팅 루어 대를 보다 강하게 확장한 것이라고 생각하면 된다." 물론 사용하는 릴의 크기에 따라 버터 가이드를 한두 사이즈 작은 것을 사용할 수도 있다.

● **나선 가이드 배열** : 배스 등 대부분의 캐스팅 낚싯대에 나선 가이드 배열이 확고하게 자리를 잡아가고 있는 동안에도, 바다 캐스팅 루어 대에는 나선 가이드 배열이 그다지 각광을 받지 못했다. 급격한 회전 경로의 나선 가이드 배열들이 강하고 굵은 낚싯줄, 무거운 루어를 위한 쇼크 리더 매듭들을 감당할 수 없었음은 자명한 일이다. 그러나 랄프(Ralph)의 나선 가이드 배열이 고안되고, 이를 바다 캐스팅 루어 대에 적용해 본 로드 빌더들은, 이 나선 가이드 배열이 다른 나선 가이드 배열들과는 달리 바다 캐스팅 루어 대에 훌륭하게 적용되며, 일반적인 상단 가이드 배열된 낚싯대보다 효율성 높은 낚싯대를 만들 수 있다는 것을 알아냈다. 랄프의 나선 가이드 배열은 릴에서부터 톱까지 낚싯줄이 직선 주행 경로를 형성한다는 것이 그 성공의 열쇠이다. 즉 랄프의 나선 가이드 배열에는 급격한 회전 경로가 없다. 로드 빌더인 찰스 스무트(Charles Smoote)는 랄프의 나선 배열을 바다 캐스팅 루어 대에 적용하여 캐스팅 시험을 해보고는, 어떤 캐스팅 장애나 비거리 손해도 없이 완벽하게 작동하는 효율성 좋은 낚싯대라고 극찬을 아끼지 않았다. 이를 시험해 본 많은 다른 낚시인들도 마찬가지 결론을 내리고 있다. 나선 가이드 배열은 모든 종류의 캐스팅 낚싯대에 적용할 수 있으며, 부하가 걸려도 비틀림이 없는 안정성 때문에 기존의 불안정한 상단 가이드 배열을 대체해 가고 있는 추세에 있다.

● **낚싯대 스파인** : 로드 빌딩에 대하여 논할 때 낚싯대 스파인에 대해 언급하지 않으면 무언가 모자라는 느낌이 든다. 여러 번 말해 왔듯이, 낚싯대에서 잘못된 스파인 위치라는 것은 존재하지 않는다. 그러나 낚

싯대의 방향을 잡는 명확한 기준은 존재한다. 마이크 볼러드(Mike Ballard) 역시 스파인을 완전히 무시하고 있다. "브랭크 버터 부분을 잡고 내려 보면서 브랭크를 천천히 회전시키면 팁이 가장 높아지는 방향이 나타난다. 나는 그 방향이 항상 위쪽에 위치하도록 낚싯대를 만든다. 이렇게 하면 캐스팅 방향이 정확하며 초릿대의 반응도 좋다."라고 그는 말한다.

13. 올바른 낚싯대 사용법

낚싯대 파손을 완전히 방지할 수는 없겠지만, 낚싯대 취급법을 알아 둘 필요가 있다. 그럼으로써 올바른 파이팅 방법과 잘못된 취급에 의한 낚싯대 파손의 빈도를 줄일 수 있다.

대부분의 로드 빌더들이 가장 두려워하는 것은 값비싼 수제 로드를 부러뜨린 소비자와 대면하는 일이다. 이럴 때 가장 이상적인 경우는 소비자가 사고에 의해 부러뜨렸음을 인정하고 또 다른 낚싯대를 하나 더 제 가격을 치르고 구입하고자 하는 경우이다. 최악의 경우는 거의 예외 없이 낚싯대가 왜 부러졌는지 알 수 없으며 분명히 결함이 있었으므로 몇 주 내에 새로운 낚싯대를 무상으로 보내 주기를 원하는 경우이다.

로드 빌더들은 일반인들보다 낚싯대 파손의 원인을 더 잘 알고 있다.

낚싯대 파손의 거의 98%는 부품이나 조립의 결함이 아닌, 사용자의 실수나 낚싯대 취급 부주의에 의한 것이다. 지금까지 그 중 일부는 어쩔 수 없었다 하더라도, 낚시인들이 낚싯대를 부러뜨릴 수 있는 행동과 그러한 행동을 예방하는 방법을 알려 주었더라면 하는 아쉬움이 있다. 다른 낚시인들과 같이 낚시를 하는 동안 나는 그 사람들이 낚싯대를 위험에 빠뜨리는 행동을 하는 경우를 자주 보아 왔다. 내가 그것을 지적해 주면, 그는 보통 "에그, 그렇게 하면 안 되는군요, 나는 몰랐어요!"라고 말한다.

낚싯대를 설계하고 제작하는 것만 로드 빌더가 하는 일의 전부는 아니다. 현명한 빌더들은 고객에게 새 낚싯대의 올바른 취급법과 파손을 예방하는 방법을 약간의 시간을 내어 설명해 준다. 최상품 낚싯대에 최고의 가격을 지불하는 낚시인들 대부분은 기꺼이 설명을 듣고 낚싯대를 잘 관리하고자 한다. 이것을 마음에 잘 담아 두고, 낚시할 때 낚싯대가 부러질 수 있는 전형적인 경우와 그것을 방지하는 쉽고도 적절한 방법을 알아보기로 하자.

● **피할 수 있는 것** : 사고는 일어난다. 태클 박스가 낚싯대 위에 떨어지고, 자동차 문에 끼이고, 추가 달린 미끼로 치기도 하고, 어린 아이들이 밟기도 한다. 낚싯대 파손의 뒷면에는 많은 우발적 원인들이 있으며, 그것을 피할 수 있는 경우가 그리 많지 않다. 사고는 일어나고 낚싯대는 부러진다. 이것은 결코 바뀌지 않을 것이다. 그러나 이러한 우발적 사고는 낚싯대 파손 원인의 단지 작은 일부분에 지나지 않는다. 그것을 증명할 자료는 없지만, 적어도 낚싯대 파손의 반 이상의 경우는 우발적 사고

가 아니라 낚시인들의 단순한 무지에서 비롯된 것이라는 심정적 확신을 가지고 있다. 나는 지금까지 너무나 많은 낚시인들이 낚싯대 파손을 거의 보장할 만한 정도의 행위를 하는 것을 보아 왔다. 루어가 달린 낚싯대 끝으로 나무뿌리를 쿡쿡 찌르거나, 곧추 세워들고 높이 잡아 꺾거나, 과도한 부하를 걸거나 하는 행동들이 모두 낚싯대 파손의 원인이 된다. 이런 것들은 낚시인들에게 적절한 취급법을 알려주어 방지할 수 있다. 우발적 사고는 우리가 제어할 수 있는 문제가 아니다. 그러나 낚시인의 낚싯대 오사용에 의한 것은 약간의 지식만 알려주면 제어가 가능하다.

● **낚시 가게에서** : 낚시인들은 낚싯대를 구입하기 전에 한 번씩 휘어 보는 경향이 있다. 구입할 것인가 말 것인가 결정하기 전까지 낚싯대들을 흔들어 보고, 휘어 보고, 뒤틀어 보고 캐스팅 동작도 해본다. 이 과정에서 많은 사람들이 낚싯대에 치명적인 괴상한 기술들을 선보이곤 한다. 몇 해 전 나는 어떤 낚싯대가 좋고 어떤 낚싯대가 나쁜 것인지 구별하기 위해 낚시 가게에서 테스트하기를 좋아한다는 낚시인을 만난 적이 있다. 그는 진열대에서 낚싯대를 하나 뽑아서는 초릿대 끝 부분을 버터 끝에 닿도록 휘어 보고 만약 부러지지 않으면 구입한다고 했다. 그의 말에 따르면, 만약 부러지면(그의 이러한 품질검사 법에 의해 많은 낚싯대가 부러졌다고 한다) 그가 할 수 있는 최선의 방법은 그냥 진열대에 다시 놓아두고 그 다음 낚싯대에 대한 품질검사를 계속 하는 것이라고 했다. 그는 부러진 낚싯대는 결함이 있기 때문에 부러진 것이며, 그렇게 해도 부러지지 않는 낚싯대가 좋은 낚싯대로서 구입할 만한 것이라고 했다. 어떤 사람은 낚싯대를 구입하고서는 바로 낚싯대를 부러뜨리기도 한

다. 휨세를 본다고 팁에서부터 약 20cm 부분을 엄지손가락과 집게손가락으로 잡고는 꺾어 버리는 것이다. 이렇게 하면 낚싯대는 마치 잔 나뭇가지처럼 부러진다.

문제는 많은 낚시인들이 낚싯대를 손으로 휘어 보고 테스트해 보는 올바른 방법이 있다는 것을 전혀 모른다는 데에 있다. 올바르게 하면 낚싯대나 브랭크는 결코 부러지지 않는다. 브랭크 길이 전체를 휘면 낚싯대는 부러지지 않는다. 손바닥으로 낚싯대 끝 부분을 받치고 적당한 압력을 가하면 낚싯대가 부러지지 않는다. 팁을 천장이나 마룻바닥에 약간의 각도를 주어 받치고 압력을 가해도 낚싯대는 부러지지 않는다.

불행하게도, 이렇게 조심스럽게 낚싯대를 휘어 보는 낚시인은 거의 없다. 무엇보다 가장 바보 같은 짓은 엄지와 집게손가락 사이에 낚싯대를 끼고 급격히 꺾는 것이다. 낚싯대를 이렇게 잡고 부적절한 압력을 가하면, 아주 짧은 길이에서 급격하게 꺾여 휘어진다. 특히 탄소 섬유는 이에 취약하다. 불행히도, 이렇게 낚싯대를 부러뜨린 사람들 대부분은 무슨 일이 일어났는지 결코 제대로 이해하지 못한다. 그들은 낚싯대에 결함이 있음이 분명하다고 생각한다. 그러나 실제로는 마른 잔 나뭇가지 꺾듯이 낚싯대를 부러뜨린 것이다.

● **파이팅할 때** : 대부분의 낚시인들은 물고기를 낚았거나 바늘이 무엇에 걸렸을 때 낚싯대를 더욱 뒤로 강하게 당겨 보다 강한 힘을 주려는 경향이 있다. 낚싯대가 대략 90도 이상 휘게 되면 대상물(이 경우 물고기)에는 더 이상 실제 힘이 가해지지 않는다. 낚싯대만 위태로울 뿐이다. 낚시인들은 낚싯대가 버틸 수 있는 휘는 각도의 한계가 있음을 알아야

할 뿐만 아니라, 그 한계를 초과하면 물고기나 장애물에 더 이상의 힘을 가할 수 없다는 것도 알아야 한다.

　이상적으로 힘을 가하려면 낚싯대에서 가장 파워가 있는 중앙과 버터 사이를 사용해야 한다. 이렇게 하기 위해서는 낚싯줄을 팽팽하게 하여 수면에서부터 0-45도의 상당히 낮은 각도에서 힘을 주어야 한다. 낚싯대의 각도가 45도를 초과하면, 낚싯대를 더 세우는 일은 아무런 의미가 없다. 이때는 릴에 낚싯줄을 감으면서 낚싯대를 낮추고 다시 펌핑(pumping)하여, 낚싯대 중앙과 버터 부분을 큰 각도로 휘게 해서 물고기에 힘을 계속 가해야 한다. 단순히 더 뒤로 당기는 것은 파이팅할 때 가장 강력한 낚싯대의 중앙과 버터 부분을 이용할 수 없게 없게 하여 물고기에게 강한 힘을 가할 수 없다. 낚싯대의 파워는 중앙과 버터 부분에 의존한다.

　물고기에게 최대 압력을 가할 수 있는 또 다른 좋은 방법은, 낚싯대 끝을 낮추어서 물고기나 장애물에 똑바로 향하게 하고, 줄을 팽팽하게 하여 낚싯대의 버터 부분을 움직여 옆으로 당기면서 낚싯줄이 늘어지지 않게 최대한 빨리 감아 들이는 것이다. 이렇게 하는 것은 사실 정상적인 방법이 아니지만, 최대한의 힘을 물고기나 장애물에 작용시킬 수 있다. 이때는 마치 낚싯대 없이 낚싯줄만으로 낚싯줄 끝의 물체를 당기는 것과 같은 상태가 된다. 그러나 이렇게 물고기를 당길 때 릴의 드래그(drag) 조절이 제대로 되어 있지 않으면, 조그마한 충격이라도 갑자기 가해질 때 낚싯줄이 끊어질 수도 있다는 것을 알고 있어야 한다. 이 방법은 낚싯대를 거의 없앤 것이나 마찬가지이며, 낚싯줄이 가장 약한 부분이 된다는 것을 잘 명심하도록 하자.

미끼가 장애물에 단단히 걸려 가망이 없을 때는 낚싯줄을 끊어야 한다. 이때는 낚싯줄과 낚싯대를 장애물에 대해 일직선으로 하여, 낚싯대를 움직이지 말고 똑바로 당겨야 한다. 캐스팅 대의 경우 엄지손가락으로 스풀을 잠그고, 스피닝 대의 경우는 집게손가락을 스풀 위에 대고 잠그거나 다른 손으로 스풀을 감싸 쥐고 스풀이 움직이지 않게 한 다음, 낚싯대를 똑바로 유지한 채 낚싯대 전체를 똑바로 당겨 내면 된다. 조심해야 할 것은, 이렇게 하여 루어나 추가 장애물에서 빠질 경우 총알처럼 수면 밖으로 나올 수 있다는 점이다!

장애물에 걸린 루어를 빼내는 과정에서 매년 수많은 낚싯대가 부러진다는 것은 가슴 아픈 일이다. 당신의 고객에게 반드시 알려 주어야 할 중요한 사항이다. 현장에 같이 있을 경우에는 루어나 미끼는 낚싯대보다 싸다는 것을 알려주도록 하라. 버리거나 손상시켜야 할 것이 있다면 낚싯대보다 루어가 더 낫다.

● **세워 들기** : 한 낚시인은 팁 부분을 계속 부러뜨리곤 했다. 새 낚싯대를 구입해서 몇 번만 낚시를 하면, 팁에서 약 4-20cm 부분에서 낚싯대를 부러뜨린다. 어느 날 또다시 낚싯대를 부러뜨렸을 때, 나는 그에게 물고기 랜딩 동작을 보여 달라고 했다. 그의 랜딩 동작을 보고 나서 나는 너무나 명백하게 그의 낚싯대가 부러진 이유를 알 수 있었다. 물고기를 아주 가깝게 끌어당긴 다음 랜딩시키기 위해 낚싯대를 곧추 세우면, 낚싯대 팁 부분은 거의 항상 180도로 젖혀지게 된다. 이러한 상태에서 견딜 수 있는 낚싯대는 거의 없다. 낚싯대를 곧추 세워 끔찍하게 젖혀진

낚싯대를 처다볼 생각도 않고 물고기를 감아올린다. 낚싯대의 버터 부분은 똑바로 위로 향하고 있지만, 팁 부분은 똑바로 아래로 향하고 있다. 부러지는 것은 시간문제다.

　물고기 랜딩의 요령을 설명해 주도록 하라. 부적절한 랜딩에 의해 많은 낚싯대들이 못쓰게 된다. 팁 끝에는 항상 낚싯대 전체 길이, 혹은 그보다 좀 더 여유 있게 낚싯줄이 남아 있어야 한다. 물고기를 랜딩하고자 할 때, 6피트의 낚싯대에는 적어도 6피트 길이의 낚싯줄이 남아 있어야 한다. 9피트에는 적어도 9피트의 낚싯줄이 필요하다. 물고기를 랜딩할 때 팔을 머리 뒤 바깥쪽으로 향하게 하여, 팁 부분이 90도 이상 휘지 않게 해야 한다. 이렇게 하면 낚싯대에 무리를 가하지 않고 물고기를 자연스럽게 손이나 뜰채 혹은 가프 쪽으로 유도할 수 있다.

　낚싯대로 큰 물고기를 휘둘러 던져 들이는 것은 좋은 랜딩이 아니라는 것도 알려 주어야 한다. 프로 배서들이 이렇게 랜딩하여 시간을 절약한다는 것을 알고 있다. 그러나 낚싯대가 부러져도 별 상관없는 큰돈이 걸린 토너먼트 낚시를 하는 게 아니라면, 안전한 랜딩 기술을 사용하는 것이 더 낫다.

● **릴은 윈치가 아니다** : 낚시 릴은 윈치가 아니다. 낚시 릴은 어떤 무거운 부하를 직접적으로 끌어당길 목적으로 만들어지지 않았다. 낚시 릴은 힘이 걸렸을 때 낚싯줄이 빠져나가고, 힘이 걸리지 않았을 때 낚싯줄을 감아 들이는 용도로 만들어졌다. 이 글을 읽는 많은 사람들은 상당한 크기의 물고기를 낚아 마구 감아 들이는 낚시인과 함께 낚시를 한 경험이 있을 것이라고 생각한다. 낚싯대를 높이 세워 윈치와 같이 릴을

마구 돌려 댄다. 낚싯대 끝은 90도 넘게 휘어져 강한 탄력으로 팽팽해져 있다. 스피닝 낚싯대의 경우에는 드래그가 미끄러지는 마찰 소리를 내고 있을 때도 릴 핸들을 마구 돌린다. 낚싯줄은 심하게 꼬이고, 물고기는 조금도 끌려오지 않는다!

여기서 복잡하게 릴 드래그나 드래그 세팅에 대한 것을 말할 생각은 없다. 다만 낚시 릴은 물고기를 끌어들이는 윈치가 아니라는 점을 지적하고 싶을 뿐이다. 낚싯대로 물고기를 앞으로 끌어들이고, 릴로 또 다른 펌핑을 위해 낚싯대를 낮추면서 늘어지는 낚싯줄을 감아 들이면 된다. 이 모든 동작에서 낚싯대에 90도 이상 휘는 곳이 나타나지 않도록 낚싯대를 잡고 있어야 함은 물론이다. 낚싯줄과 드래그 세팅에 따라 낚싯대의 파워 존까지 크게 휘도록 하면, 물고기에게 효과적인 힘이 가해져서 원하는 곳으로 끌어낼 수 있다. 낚싯대가 90도 가깝게 휘어지면 낚싯대를 낮추고 늘어지는 낚싯줄을 릴에 감아 들이면 된다. 이렇게 하는 것이 가장 효과적인 파이팅 방법으로서 낚싯대에 어떤 해로움도 주지 않는다는 점을 이해하고 있어야 된다.

또 하나 언급하고 싶은 것은, 대부분의 낚시인들은 낚싯대를 치켜들어 물고기를 끌어들이는 경향이 있다는 것이다. 그러나 옆으로 힘을 가하면 물고기를 아주 쉽게 끌어들일 수 있는 경우가 자주 있다. 이유가 무엇이든 간에, 물고기는 위로 당기는 힘에는 강하게 저항하는 경향이 있으나, 옆으로 당기는 힘에는 그리 많이 저항하지 않는다. 언제 한번 시도해 보기 바란다.

● **높이 잡기** : 낚싯대는 지렛대이다. 낚시인에게는 2차 지렛대이며, 물

고기에게는 1차 지렛대이다. 물고기는 힘을 쓰는 데 있어서 낚시인보다 유리한 입장에 있다. 지쳐서 힘이 달리는 낚시인들이 힘센 큰 물고기를 움직이려 할 때는 흔히 낚싯대를 높이 잡아 지레 점을 올린다. 이렇게 하면 물고기 쪽 지렛대 길이가 줄어들어 물고기가 가진 지렛대의 이점이 상쇄된다. 이것은 확실히 효과적이긴 하나, 낚싯대에도 무리가 간다. 모든 낚싯대는 그 휨세가 점차적으로 나타난다. 낚싯대에 걸린 부하가 증가함에 따라 낚싯대는 아래쪽으로 점차적으로 휘어서, 버터 쪽의 가장 두껍고 강한 부분까지 휘게 되고 그 휨세를 나타내게 되어 있다. 물고기에게 힘을 최대한 걸어 당기면서 갑자기 버터 쪽 가장 강한 부분을 지나쳐 잡으면, 버터 부분보다 약한 낚싯대 중앙과 팁 부분이 이 힘을 다 받게 되어 낚싯대가 부러지고 만다. 낚싯대에 무리를 하지 않고도 물고기를 이길 수 있다는 것을 이해하도록 하자.

앞에 소개한, 낚싯줄을 팽팽히 하여 옆으로 끄는 동작은 이럴 경우 시도해 볼 만하다. 낚싯대의 지렛대 역할을 없애는 것이다. 즉 낚싯대의 지렛대 역할을 포기하여 물고기가 가진 지렛대의 이점을 없애고 물고기를 강하게 끄는 것이다. 이 방법이 더욱 효과적이며, 이때 낚싯대는 부러지지 않는다.

● **어이없는 짓들** : 나는 낚시를 하고 있는 낚시인이 전혀 눈치 채지 못하고 있는 동안 낚싯대가 부러지는 과정을 몇 번 지켜본 적이 있다. 어떤 낚시인이 루어 연결 부위가 가이드에 걸려, 이를 풀기 위한 목적으로 가이드를 통해 연결된 낚싯줄을 당기는 것을 보았다. 그는 낚싯줄이 연결되어 있는 끝 부분을 계속 당기고 있었는데, 낚싯대 팁 부분은 급하

게 꺾여 휘어져 있었다. 이것은 물고기 랜딩 때와 비슷한 상태였다. 대부분의 줄 연결 부위는 몇 번의 오 캐스팅 동작이나 낚싯대 끝을 낮추어서 좌우로 흔들면 쉽게 풀려 나온다.

사륜 자동차 지붕에 부착된 낚싯대 거치대에 바늘과 추를 가이드에 고정시킨 낚싯대를 달고 비포장도로를 질주하는 낚시인들이 있다. 이것은 가이드에만 나쁜 것이 아니라 브랭크에도 마찬가지로 나쁘다. 추와 금속 루어들은 자동차가 거친 길을 질주하는 동안 낚싯대 표면을 사정없이 두드린다. 만약 추나 루어가 요동친다면, 낚싯대 표면을 치지 않게 잘 고정시켜 놓아야 한다. 낚싯대를 자동차나 트럭, 보트의 좁은 틈에 길게 꽂아 가지고 다니는 낚시인들도 요주의 인물들이다. 이런 것들에 대해서는 약간의 '현명한 조언'을 해줌으로써 많은 낚싯대들을 파손으로부터 구할 수 있다. 낚싯대 표면에 가해지는 어떠한 충격의 여파도 낚싯대를 손상시킨다는 것을 알아야 한다. 이럴 경우 충격을 받은 당시에는 부러지지 않을 수 있으나 시간이 조금 더 지나면 부러진다. 그때 그 낚시인은 자신이 낚싯대가 부러질 어떤 행위도 하지 않았다고 생각한다.